Nicht so hoch, schön wie die Berge der Schweiz

Die Mecklenburgische Schweiz

Die Mecklenburgische Schweiz ist eine see- und waldreiche, kuppige Landschaft, zu der im Mittelpunkt der Naturpark Mecklenburgische Schweiz und Kummerower See und im Südwesten, südlich von Linstow und Neu Gaarz, ein Teil des Naturparks „Nossentiner und Schwinzer Heide" gehört. Spuren der Missionierung finden sich ebenso wie die Tradition der Hanse, wenn man im Norden Dargun mit der Ruine einer Zisterzienser-Klosteranlage und das nahe, an der Peene gelegene Demmin mit seinen Speichern und der sehenswerten gotischen, von Schinkel und Stüler umgestalteten Stadtkirche St. Bartholomäus besucht. Malchin mit seiner teilweise noch heute vorhandenen Stadtbefestigung liegt zwischen den größten Seen des Nordwestens der Mecklenburgischen Schweiz. Im Norden liegt der Kummerower See, im Süden der Malchiner See. Rund um den Kummerower See, der sich bei Wassersportlern, vor allem unter Seglern, großer Beliebtheit erfreut, liegen Verchen, einst von Nonnen gegründet, mit der aus dem 13. Jh. stammenden Klosterkirche, und das romantische Dorf Kummerow mit seinem Barockschloss. Über den Peene-Kanal ist die einstige neuslawische Siedlung Neukalen mit dem Kummerower See verbunden. Rund um den Malchiner See entdeckt man Orte wie Basedow, einst Stammsitz der Grafenfamilie von Hahn, mit einer dreiflügeligen Schlossanlage (16.-19. Jh.) inmitten eines vom berühmten preußischen Gartenbaumeister Lenné inspirierten Schlossparks, und wie Bristow mit der Hahnschen Gutskirche (16. Jh.). Westlich des zum Baden auch geeigneten Malchiner Sees liegt die sehr sehenswerte Schloss- und Parkanlage Burg Schlitz, die auf den Grafen von Schlitz-Görz zurückgeht und einen sehr alten Bestand von Esskastanien und Kork-Tannen besitzt. Slawisches Erbe ist in Teterow zu entdecken, wo sich auf der Burgwallinsel im 6./7. Jh. slawische Stämme niedergelassen hatten.

Die „Deutsche Alleenstraße" zieht sich quer durch die Mecklenburgische Schweiz

Nördlich von dort widmet sich das Thünen-Museum von Tellow der Wirtschafts-und Sozialgeschichte Mecklenburgs, das über Jahrhunderte von der Landwirtschaft gelebt hat.

Im Gebiet um Lalendorf, ganz im Westen gelegen und zum Landkreis Güstrow gehörig, sind verschiedene, kleine Feldsteinkirchen zu entdecken, zudem auch das Landschaftsschutzgebiet Schlieffenberger See mit parkartigem Gehölzbestand. Die Heimat des niederdeutschen Dichters Fritz Reuter ist das im Osten liegende Stavenhagen mit den umliegenden „Reuter-Dörfern" wie Demzin und Faulenrost. Ein Flächendenkmal von besonderem Rang ist der östlich von Stavenhagen gelegene Ivenacker Tiergarten mit seinen mächtigen über 1000-jährigen Eichen. Hier im mäßig hügeligen Gebiet zwischen Ostpeene und Tollense finden Radler ausgezeichnete Möglichkeiten für kleinere und größere Touren, so auch auf der ehemaligen Kleinbahntrasse zwischen Stavenhagen und Clausdorf.

Eiche bei Teterow

Geopark Mecklenburgische Eiszeitlandschaft

Der Geopark liegt im Südosten von Mecklenburg-Vorpommern und erstreckt sich hauptsächlich über die Landkreise Demmin, Müritz und Mecklenburg-Strelitz sowie die kreisfreie Stadt Neubrandenburg. Dieses Gebiet weist mit seinen Höhenzügen, Großseen und lang gestreckten Flusstälern ein reizvolles und abwechslungsreiches Landschaftsbild auf – das Ergebnis von geologischen Vorgängen der jüngsten Vereisung.

Die Oberfläche der Geopark-Region erfuhr ihre wesentliche Prägung in den letzten rund 25.000 Jahren während der so genannten Weichseleiszeit und der sich anschließenden (und bis heute andauernden) Warmzeit. Bestimmendes geomorphologisches Element im Geopark ist die Haupteisrandlage des „Pommerschen Stadiums" der Weichseleiszeit, die sich als nahezu lückenlose, modellhaft in Loben gegliederte Endmoräne mit Blockpackungen von Nordwest nach Südost durch den Geopark erstreckt. In ausgedehnten Sanderflächen vor der Haupteisrandlage ist der vom Eis aufgenommene und durch Schmelzwasser sortierte Kies und Sand abgelagert. Im Rückland der Endmoräne breitet sich eine weite Grundmoränenlandschaft mit den typischen Osern (z. B. der 30 km lange Stavenhagener Os), Erosionsrinnen, Seerinnen und Flusstalungen aus, die auf das Spaltennetz des Inlandeises zurückzuführen sind. Zahlreiche Sölle als Toteisbildungen sind charakteristisch. Mit dem „Mecklenburger Stadium" begann vor ca. 13.200 Jahren die letzte Vereisung der Weichseleiszeit. Seit 10.000 Jahren ist die Geopark-Region eisfrei.

Reizvolle Natur der Mecklenburgischen Schweiz

Diese Region zwischen dem Teterower und Malchiner Becken, die mit ihren „Maulwurfshügeln“ kaum mit den alpinen Höhen der Schweiz konkurrieren kann, wird durch die Städte Teterow, Neukalen und Malchin begrenzt. Teile dieser Region wurden zum Naturpark Mecklenburgische Schweiz und Kummerower See erklärt. Die Entstehung dieser kuppigen Moränenlandschaft hängt mit dem Vordringen einzelner Gletscherzungen am Ende der letzten Eiszeit zusammen. Die dabei entstandenen kuppigen Hügel erreichen Höhen von über 100 Metern. Mit 127 m höchste Erhebung ist der Schmooksberg zwischen Plaaz und Pölitz. Von zahlreichen anderen Bergen wie dem Röthelberg (96 m) bei Burg Schlitz hat man einen herrlichen Ausblick, so auch über das Malchiner Becken, oder von den Heidbergen (100 m) bei Teterow über das dortige Teterower Becken und die begrenzenden Stauchmoränen. Diese Höhen und Hügelkuppen, zu denen auch der Silberberg (64 m) bei Teschow gehört, verleihen der Mecklenburgischen Schweiz ein mittelgebirgsähnliches Erscheinungsbild.

Charakteristisch für die Gegend um Basedow am Malchiner See sind Endmoränenstaffeln, während unweit von Wendischhagen periglaziale Trockentäler zu finden sind. Typisch für die Stauchmoränen sind abflusslose Senken und Kesselmoore. Auffallend ist die Niederschlagsarmut des Gebietes zwischen Teterow und Malchin, da hier im Gegensatz zum übrigen Mecklenburg-Vorpommern weniger als 600 mm Niederschlag pro Jahr zu verzeichnen sind. Trockenheit liebende Pflanzen sind rund um Remplin, insbesondere an exponierten Südhängen, zu finden, darunter der Große Ehrenpreis und die Fieder-Zwenke. Unter den seltenen hier gedeihenden Orchideen sind das Bleiche Waldvögelein und das Langblättrige Waldvögelein zu nennen. Letztere wächst in Mecklenburg nur noch an vier anderen Orten. Bis in das Malchiner Becken erstreckt sich der Verbreitungsraum des Atlantischen Stechginsters. In den Erosionsrinnen mit feuchtkühlem Klima wächst im Frühjahr ein Teppich von Hohlem Lerchensporn.

Wasserburg Ulrichshusen bei Moltzow, Ort der Musikfestspiele Mecklenburg-Vorpommern

Schafbeweidung bei Burg Schlitz

Zu den gefährdesten Biotopen gehören die Kalkflachmoore am Ufer des Malchiner Sees. Durch die Anlage des Dahmer Kanals, einer Verbindung zwischen Malchiner See und Kummerower See, fiel der Wasserspiegel in erheblichem Maße. Daraufhin bildete sich stellenweise eine 20 cm starke Torfschicht aus, ein idealer Lebensraum für eine sehr seltene Orchideenart, das 5 cm große Sumpf-Glanzkraut. Darüberhinaus gehören zu den geschützten Pflanzen, die in Kalkflachmooren vorkommen, der Sumpf-Sitter, das Fleischfarbene Knabenkraut und die Rosmarien-Weide.

Reste von Hudewäldern sind nicht nur die uralten Eichen von Ivenack, sondern auch die in der Umgebung der Schlossanlage Burg Schlitz. Ein dichter Bestand von Feldahorn wächst am Nordufer des Haussees bei Schorssow, nahe des Malchiner Sees. Auf einem Naturlehrpfad kann man hier Bäume mit einem Umfang von fast zweieinhalb Metern entdecken. Bedauerlicherwiese nur noch kleine Bestände des Großen Brachvogels leben im Naturschutzgebiet „Neukalener Moorwiesen". In moorreichen Waldungen findet man in der Mecklenburgischen Schweiz zahlreiche Kraniche. Auch Brutpaare von See- und Fischadler sind in dieser von Flüsschen, kleinen Teichen, Mooren und alten Eichen-Buchenwäldern geprägten Region anzutreffen. In alten Buchen hausen sogar Siebenschläfer und Fledermäuse. Nur noch selten hingegen findet man in den Gewässern der Mecklenburgischen Schweiz den Sumpfkrebs. In der Penne lebt (wieder) der Biber. Der Schreiadler ist im Naturpark mit rund acht Paaren vertreten und die Weißwangengänse sind am Kummerower See heimisch.

Ein Blicke in die Geschichte

Die hügelige Landschaft diesseits und jenseits der Peene durchstreiften Jäger, Fischer und Sammler während der mittleren Steinzeit (10.000-3.000 v. Chr.), was Fundstücke wie Flintbeilschäftungen aus Hirschhorn und Flintspitzen belegen. Aus der anschließenden Jungsteinzeit (3.000-1.800 v. Chr.) sind geschliffene Steinwerkzeuge, Reste von Webstühlen und Keramikbruchstücke vorhanden. Zahlreiche Siedlungsbelege gibt es auch aus der Bronzezeit. Urnenfriedhöfe aus vorrömischer Zeit, so auch drei Begräbnisstätten bei Teterow, belegen die Besiedlung von 600 v. Chr. bis Christi Geburt. Östlich von Teterow liegt ein ausgedehnter Friedhof aus der frührömischen Kaiserzeit und südlich von Teschow die bedeutendste germanische Begräbnisstätte. Als Grabbeigaben wurden bei einer Freilegung unter anderem ein Bündel Pfeilspitzen, ein Langobardenschwert mit Holzscheide und ein Bronzekessel gefunden.

Am Ende der Völkerwanderzeit (6. Jh. n. Chr.) drangen slawische Stämme in das Gebiet der Mecklenburgischen Schweiz vor. Der bekannteste slawische Fundort ist der Burgwall auf der Burgwallinsel im Teterower See. Der Frankenkönig Karl der Große war 789 der erste, der mit seinem Heer bis an den Fluss Peene gelangte, um die Wilzen zu unterwerfen. Gegen die östlich der Elbe lebenden Slawen zog König Heinrich I. mit seinen Mannen zu Felde. Unter seinem Sohn Kaiser Otto I. wurden die slawischen Stämme vollständig der Herrschaft von deutschen Markgrafen unterworfen. Im 10. Jh. erhoben sich jedoch slawische Stämme gegen den durch eine militärische Niederlage geschwächten Kaiser Otto II. Doch 1057 war der slawische Stammesverband schließlich zerfallen.

Slawische Fürsten waren hinfort Vasallen der sächsischen und brandenburgischen Herzöge. Die pommersche Linie wendischer Fürstentümer starb mit dem Tod des in Demmin residierenden Wartislaw III. († 1229) aus. Vorangegangen waren die deutsche Ostexpansion. Im Zuge der folgenden Missionierung wurden die Bistümer Schwerin und Kammin gegründet und die slawische Bevölkerung zwangsweise christianisiert. Angeworbene deutsche Kolonisatoren siedelten von nun an oftmals in der Nähe slawischer Siedlungen. Im 13./14. Jh. wurde Mecklenburg mehrmals geteilt, ehe sich im 14. Jh. zwei herrschende Fürstenlinien, die Strelitzer und die Schweriner Herzöge bzw. Großherzöge, herausbildeten. Zur wirtschaftlichen Entwicklung trug auch der berühmte Handelsweg „Via Regia“ bei, der mitten durch Mecklenburg führte. Demmin, Malchin und Teterow erlebten vor allem während der Hanse ihre Blütezeit. Starke Verwüstungungen brachte der Dreißigjährige Krieg (1618-1648), in dessen Verlauf Vorpommern an Schweden fiel und die Peene bis 1815 die Grenze bildete.

Seit 1523 bestand bereits die Einheit Mecklenburgs, da zwischen der Schweriner und der Strelitzer Linie eine Union vereinbart worden war. Durch Verträge von 1701 und 1755 wurde zudem die Übertragung der Herrschaftsrechte für den Fall geregelt, dass eine Linie aussterben sollte. Kriegsschauplatz war Mecklenburg im Nordischen Krieg (1700-1721) ebenso wie in der Franzosenzeit (1806). Vormärz und März-Revolution hatten kaum politischen Einfluss und änderten an der Vorherrschaft der ritterlichen Guts-

Radwanderer in der Mecklenburgischen Schweiz

besitzer wenig, sieht man einmal von der Aufhebung der Leibeigenschaft im Jahre 1819 ab. Die wachsende Verarmung der mecklenburgischen Landbevölkerung führte in den Jahren 1852-57 gar zu massenhafter Auswanderung, vor allem nach Nordamerika. Wer durch die Mecklenburgische Schweiz reist, wird auch noch heute die Liegenschaften der Gutsbesitzer mit ihren stattlichen Herrenhäusern, wie in Faulenrost und Vietgest, finden. Nach den Kriegsjahren des Ersten Weltkrieges, nach Inflation und Weltwirtschaftskrise erfolgte 1934 die Bildung des Landes Mecklenburg. 1945 wurde das Land Mecklenburg geschaffen, das heute als Bundesland Mecklenburg-Vorpommern in Großkreise und Ämter gegliedert ist.

Traditionelle Sitten und Bräuche von einst

Noch vor Sonnenaufgang des Ostermorgens liefen die Mädchen zu einem verschwiegenen Bach oder Flüsschen und besprengten sich mit dem frischen Wasser, dem „heiligen Osterwasser“, wie sie glaubten. Es sollte Schönheit und Gesundheit geben, aber nur denjenigen, die sich beim Heimweg durch die auftauchenden jungen Männer nicht zum Quasseln verleiten ließen. Zur Sommersonnenwende vertrieben die jungen Männer die bösen Geister dadurch, dass sie Strohwische, „Wiemen“ genannt, anzündeten und über die Felder schwangen. Am ersten Erntetag wurde mit „buntem Wasser“ gefeiert. In mit Wasser gefüllten und mit Blumen und Obst geschmückten Wannen legte man Branntweinflaschen. Langten Schnitter und Binder danach, wurden sie von den Mädchen und Frauen bespritzt und begossen. Die bei der Feldarbeit benutzten Geräte waren mit farbenfrohen Bändern umwickelt. Die Schnitter trugen zudem bunte Bänder um ihren linken Arm. Auch wer des Weges kam, wurde eingebunden und musste sich mit einem Geldbetrag freikaufen. Am Ende der Ernte blieb ein bisschen Getreide stehen, um die Geister gnädig zu stimmen. Schließlich folgte das Erntefest, an dem man sich genüsslich den Bauch vollschlagen konnte. Zu diesem Fest gehörte auch ein Erntekranz mit weißen Beeren und roten Hagebutten sowie den Puppen „Hans mit der Sense“ und „Grete mit der Harke“. Zu Weihnachten gab es bei den Mecklenburgern ursprünglich bis Mitte des 19. Jh. keinen Weihnachtsbaum. Vielmehr hing eine Strohkrone von der Decke. Die Bescherung der Kinder fand in der folgenden Nacht statt. Die auf der Fensterbank liegenden Mützen waren dann morgens mit „Has'poppen“ und „Safranpöppings“ gefüllt.

Mecklenburgische Gaumenfreude

Einfach, aber herzhaft und deftig ist die Mecklenburgische Küche noch heute, was sicherlich mit der traditionellen bäuerlichen Kultur in Zusammenhang steht. So waren Kartoffeln, Erbsen, Bohnen und vor allem Kohl in viel höherem Maße als heute jahrhundertelang die wichtigsten Nahrungsmittel der Bauern und Tagelöhner. Dicke Erbsen galten als Festgericht, gab es doch Hering oder Limburger Käse dazu. Das Festmahl am Sonntag bestand gleichfalls aus Erbsen, nur diesmal gab es noch ein Stück Rindfleisch dazu. Erbsen und gekochte Backpflaumen wurden zum Abend gegessen, sicherlich für manchen von uns eine gewöhnungsbedürftige Vorstellung. Harte Knödel aus Roggenmehl mit Schinken, Speck oder gekochtem Schweinefleisch war eine der wenigen Abwechslungen auf dem Speiseplan. Gehaltvoll musste die Mahlzeit sein, nicht aber von besonderer Feinheit. Dies ist auch kein Wunder, bedenkt man, wie schwer noch im 19. Jh. die Landarbeit war. Hauptgetränk war Kofent, selbst gebrautes Schwachbier, das mit Möhrensaft gesüßt wurde. Nach einer ausgiebigen Radtour oder einer längeren Wanderung sollte man Mecklenburger Quarkspeise, Malchiner Götterspeise, Stavenhagener Rippenbraten oder Mecklenburger Buttermilchsuppe kosten, will man wirklich einen Geschmack von Mecklenburg mit nach Hause nehmen.

Sehenswertes: Auf den Resten einer mittelalterlichen Burg wurde das **Schloss** (16.-19. Jh.), eine Dreiflügelanlage, erbaut. Dessen Mittelbau mit dem Treppenturm (1552) ist der älteste Teil der Anlage. Das Innere des Südflügels wurde mit einem Neo-Renaissancedekor (1882-1895) aufwändig verziert. Die ehemalige Orangerie, die sich an die Eingangshalle anschließt, weist prächtigen Terrakotta-Schmuck des 16. Jh. auf. Zu den bedeutendsten Schöpfungen des Gartenbauarchitekten Peter Joseph Lenné zählt der 1835-1852 angelegte **Schlosspark.** Seine Sichtachsen sind auf die nach Entwürfen von Friedrich August Stüler erbauten Gebäudeteile des Schlosses ausgerichtet, so auch auf die Vierflügelanlage des 1838 entstandenen Marstalls, auf das Landhaus (1842), die Brauerei (1850) und das Haus des Sekretarius (1865).

Schloss Basedow

Die gotische **Dorfkirche** (13. Jh.) erhielt im 15. Jh. ein Schiff aus Backstein. Der Westturm hingegen wurde erst Mitte des 19. Jh. angefügt. Die prunkvolle Ausstattung ist der Patronatsfamilie von Hahn zu verdanken. Von dieser aus dem 16./17. Jh. stammenden Ausstattung ist besonders der Altaraufbau (1592) aus Sandstein und Marmor hervorzuheben. Mit allegorischen Figuren und reicher Beschlagwerkornamentik ist die Orgelempore (1691) geschmückt. Die in den 1980er-Jahren restaurierte Orgel (1680-1683) wurde von Samuel Gerke und Heinrich Herbst dem Älteren und dem Jüngeren gefertigt. Aus vorreformatorischer Zeit stammen die Triumphkreuzgruppe (um 1500) und eine Schnitzfigur von Johannes dem Täufer (spätes 15. Jh.).

Die frühgotische **Dorfkirche** von *Dahmen,* das am Südzipfel des Malchiner Sees liegt, besitzt sechs sehenswerte Gemälde mit Passionsszenen (2. Hälfte 15. Jh.).

BRISTOW D 3

Gemeinde, **Kreis:** Güstrow, **Bundesland:** Mecklenburg-Vorpommern, **Postleitzahl:** 17166

Unweit des Malchiner Sees, mit einer Sichttiefe von unter einem Meter zum Baden nur bedingt geeignet, und südlich eines Waldgebietes rund um den Kahlen Berg (105 m) liegt diese schmucke mecklenburgische Gemeinde.

Geschichte: Stein- und Hügelgräber in der Umgebung weisen auf eine bereits vor Jahrtausenden erfolgte Besiedlung dieser Region hin.

Sehenswertes: Aus behauenen Granitquadern wurde die **Dorfkirche** 1597 als Gutskirche der Familie von Hahn erbaut. Sie ist einer der ersten protestantischen Kirchenneubauten in Mecklenburg-Vorpommern. Der gestaffelte Ostgiebel ebenso wie das Obergeschoss des Turmes wurden aus Backstein errichtet. Das Tonnengewölbe ist reich stuckiert. Besonders sehenswert ist die Altarwand mit Reliefszenen aus dem Leben und der Passion Christi. Über dem Chorstuhl ist das Epitaph für Hans von Hahn aus dem 17. Jh. zu sehen. Auf dem Kirchhof steht das im Stil der Neorenaissance erbaute **Mausoleum** der Familie von Bassewitz.

BÜLOW D 4

Gemeinde, **Kreis:** Güstrow, **Bundesland:** Mecklenburg-Vorpommern, **Postleitzahl:** 1716

Bülow liegt am Ufer des Malchiner Sees, der wegen seiner geringen Sichttiefe zum Baden nur sehr bedingt geeignet ist.

Sehenswertes: Das um 1800 entstandene ehemalige **Gutshaus** ist ein klassizistischer Putzbau mit Mittel- und Eckrisaliten. Bei der **Dorfkirche** (13. Jh.) handelt es sich um einen frühgotischen Feldsteinbau mit schönem Kreuzrippengewölbe im Chor.

Das **Herrenhaus** in *Schorssow* ist eine barocke Dreiflügelanlage (frühes 18. Jh.) mit klassizistischen Umbauten, wie dem zweigeschossigen Mittelrisalit. Den ovalen Gartensaal schmücken schöne, klassizistische Stuckdekorationen. Umgeben ist dieses Herrenhaus von einem weitläufigen Landschaftspark aus dem frühen 19. Jh.

DARGUN G 1

Stadt, **Kreis:** Demmin, **Bundesland:** Mecklenburg-Vorpommern, **Postleitzahl:** 17159, **Tel.-Vorwahl:** 039959

Am Rande der Mecklenburgischen Schweiz und unweit der Peene sowie des Kummerower Sees liegt Dargun, dessen Name „Marktort", „Tal" und „Weg" bedeutet.

Geschichte: 1171 wurde Dargun erstmals erwähnt, muss jedoch bereits zuvor existiert haben, wie Kegelgräber und Bronzefunde belegen. Zudem gab es hier eine germanische Burg, die an der Heerstraße Laage – Demmin stand. Im 12. Jh. wurde diese Burg als „Alte Burg" („vestus castrum") bezeichnet. Den Burgplatz mit seinen Wällen kann man noch heute nordwestlich der Stadt finden. Nach der Unterwerfung der Wenden durch den Dänenkönig Waldemar I. ließen sich 1172 Zisterzienser-Mönche in Dargun nieder,

Wanderung um den Klostersee

In einer knappen Stunde (rund 4 km) kann man den Klostersee in ***Dargun*** *umwandern. Ausgangsort ist das nach 1552 zum Schloss umgebaute Kloster (13. Jh.), das 1945 abbrannte und nun der Nachwelt erhalten wird. Durch das Gelbe Tor (um 1700) und eine Kastanienallee erreicht man den Klosterdamm (13. Jh.) und sieht zur Linken den Klostersee mit Promenade. Nun leitet uns der Wanderweg in die Stadt, wo uns besonders an der Schlossstraße und Amtsstraße Sehenswürdigkeiten erwarten. Danach folgt die 1171 zerstörte Slawenburg, die der Stadt ihren Namen gab. Um den See berührt der Weg auch Wacholderheiden. Nach einem gelegentlichen Bad im See weisen uns uralte Bäume den Weg zurück zum Kloster.*

Schloss (in Teilen Ruine) in Dargun

die schon früh der Braukunst nachgingen. Nach der Flucht der Mönche infolge der Auseinandersetzungen zwischen Dänemark und Brandenburg kam es 1209 zu einer Klosterneubesetzung durch Mönche aus Doberan. 1552 wurde das Kloster aufgehoben und verfiel. 1556 fiel die Anlage samt Klosterbesitz an Herzog Ulrich von Mecklenburg-Güstrow, der den Umbau der Anlage zu einem Schloss veranlasste. Es entstand eines der schönsten mecklenburgischen Renaissanceschlösser. In den Wirren des Dreißigjährigen Krieges wurde dieses Schloss jedoch zerstört und Mitte des 17. Jh. mit barocken Stilelementen wiederaufgebaut. In dieser Zeit entstanden auch die Gartenanlagen sowie der noch vorhandene Gartenpavillon und das Gelbe Tor. 1695 wurde das Schloss Witwensitz der Herzogin Madgalena Sybilla, Gattin des Herzogs Gustav Adolf. Unter der Regentschaft von Prinzessin Augusta entwickelte sich Dargun zwischen 1720 und 1736 zu einer Hochburg des Pietismus, ehe der Besitz nach dem Tod der Prinzessin an Mecklenburg-Schwerin fiel. Nach den Verwüstungen durch napoleonische Heere, nach den Befreiungskriegen und der Reichsgründung (1871) erhielt Dargun erst 1875 Stadtrechte, die 1938 erneuert wurden. 1945 wurde die Schlossanlage durch Brandstiftung zerstört. Es dauerte bis zum Beginn der 1990er-Jahre, ehe man mit umfangreichen Restaurierungsarbeiten begann. In welcher Art und Weise die klösterliche Brautradition bis heute fortgesetzt wird, können Besucher während eines Rundganges durch die Klosterbrauerei erfahren.

Sehenswertes: Die **Ruine** der ehemaligen Klausur und des späteren Schlosses, das im Kern im 16./17. Jh. errichtet wurde und ab 1552 Nebenresidenz der Herzöge von Mecklenburg-Güstrow war, ist wohl das historisch bedeutsamste Bauwerk der Stadt. Die backsteinerne **Klosterkirche,** im 13. Jh. erbaut und im 15. Jh. mit basilikalem Umgangschor und Querhaus ausgestattet, ist ebenfalls eine Ruine. Zur Kloster- und Schlossanlage gehören zudem Wirtschafts- und Nebengebäude, wie das Gästehaus des Klosters. Ursprünglich aus dem 13. Jh. wurde dieses Gebäude, ein verputzter Backsteinbau mit Resten gotischer Fassadengliederung, 1812 zu einem Pferdestall umgebaut. Das ehemalige **Brauhaus** und spätere Kornhaus, im Kern aus dem 13. Jh., erhielt 1585 Obergeschosse mit rund- und stichbogigen Luken. Über der Haustür sind das mecklenburgische und das dänische Wappen in Terrakotta zu sehen. Das Pforthaus mit Kapelle stammt ebenfalls aus dem 13. Jh. und ist heute weitgehend verfallen. Gut erhalten ist hingegen das **Gelbe Tor**, Teil der Toranlage, die im 17. Jh. errichtet wurde. Der ursprünglich als Renaissancegarten im 17. Jh. angelegte **Schlosspark** wurde im 18. Jh. mit barocken Formen umgestaltet. Eine Gruppe alter Taxusbäume ist jedoch erhalten geblieben. Hier befindet sich auch ein Pavillon aus dem 17. Jh., ein achtseitiger, verputzter Backsteinbau mit welscher Haube.

Sehenswert ist die im 13. Jh. erbaute **Stadtkirche** mit ihrem um 1500 entstandenen Schnitzaltar, der die Darstellung von Passionsszenen zeigt. Aus der Klosterkirche stammen zwei Terrakottareliefs mit betendem Mönch und Madonna, die Ende des 14. Jh. entstanden. Zu beachten ist auch ein deutsches **Hallenhaus** aus der 1. Hälfte des 18. Jh. und die zweigeschossige **Landdrostei,** das ehemalige Rathaus (1865). Für das Stadtbild sind zudem die aus dem frühen 19. Jh. stammenden Häuser der Schlossstraße sehr wertvoll. Ein **Museum** zum Anfassen ist „Uns lütt Museum“ mit seinen Acker- und Hofgeräten, der Puppenstube und der gemütlichen Küche, eingerichtet wie zu Großmutters Zeiten.

Am Auslauf des Klostersees am Klosterdamm steht die eingeschossige, aus Backstein erbaute **Wassermühle** (13., 18./ 19. Jh.). Der **Klostersee** östlich der Stadt geht wie auch die Klosteranlage auf die Zisterzienser zurück, die den Flusslauf der Röcknitz im 13. Jh. aufgestaut hatten. In einem Waldstück westlich der Stadt finden Besucher Darguns die **Gedenkstätte** „Jüdischer Friedhof“. Aufgrund von Zerstörungen des Friedhofs während der Nazi-Herrschaft sind nur noch Sockel und Ummauerungen von zehn Grabsteinen vorhanden.

Im östlich gelegenen *Levin* sieht man eine spätromanische **Feldsteinkirche** aus dem 13. Jh., die im 15. Jh. einen Westturm aus Backstein erhielt. Schöne alte, auch typisch mecklenburgische **Dorfanlagen** findet man in *Barlin* und *Dörgelin*.

DEMMIN HANSESTADT DEMMIN — I 1

Amtsfreie Kreisstadt, **Kreis:** Demmin, **Bundesland:** Mecklenburg-Vorpommern, **Postleitzahl:** 17109, **Tel.-Vorwahl:** 03998

Der Sage nach soll es einst in Demmin zwei Prinzessinnen gegeben haben, die einander in großer schwesterlicher Liebe zugetan waren. Ihr Hab und Gut teilten sie unter den Worten: “Dat is din un min!”. Daraus soll dann der Stadtname Demmin entstanden sein. Tatsache ist jedoch, dass es hier weder Prinzessinnen noch deutsche Worte gab, als der Stadtname entstand.

Adam von Bremen über Demmin

Die älteste Nachricht von dem Vorhandensein Demmins verdanken wir Adam von Bremen, der 1067 über die älteste Stadt Pommerns, Julins (Wollin), berichtete. Weiter sagt er dann: “Von jener Stadt schifft man mit kurzer Fahrt zur Stadt Dymin, welche an der Mündung des Peeneflusses liegt.” Demmin galt damals als einzig bekannter Handelsort an der Peene, lange bevor es Stralsund und Greifswald gab, und war nach Adam von Bremen eine sehr große Stadt (civitas maxima), obwohl sich die Verleihung des Stadtrechts erst für eine spätere Zeit nachweisen lässt (zwischen 1236 und 1249). Es lag an einer wichtigen, historisch beglaubigten Handelsstraße, der "Königstraße" (Via Regia) – heute fast identisch mit der B 110, die, von Lübeck kommend, über Rostock und Demmin nach Swinemünde und Stettin führte. Eine andere Handelsstraße kam von Magdeburg und Havelberg über Malchow nach Demmin, so dass Demmin ein nicht unbedeutender Stapelplatz für Waren aller Art war. Sogar eine eigene Münze besaß die Stadt. Noch heute existieren daraus Münzen mit dem Stadtzeichen, der Lilie. Die Handelsstraße von Süd nach Nord benutzte auch Bischof Otto I. von Bamberg bei seiner Missionsreise nach Pommern. Hier in Demmin traf er auf Herzog Wartislaw I. von Pommern, mit dem er den Landtag der westpommerschen Führungsschicht zum Christentum bekehrte. Daraufhin entstanden im Lande die ersten Kirchen und Klöster. Auch die Ursprünge der Demminer Kirchen sind auf diese Zeit zurückzuführen.

Geschichte: Nachdem im 5./6. nachchristlichen Jahrhundert die germanischen Stämme diese Region verlassen hatten, sickerten nach und nach slawische Stämme in diese Gebiete ein. Hier war es der wendische Stamm der Wilzen, auch die Grimmigen oder Wölfe genannt. Auf einer eiszeitlichen Landzunge, die von drei Flüssen gebildet wurde, fanden sie das ihnen zusagende Gelände. Der Nahrungsreichtum der Wälder, der Fischreichtum der Flüsse und die leicht zu verteidigende Gegend ermunterten sie zum Bau fester Wohnsitze. Dazu kam als noch begünstigender Umstand die Nutzung der Wasserstraßen als wertvolle Handelswege in einer Zeit, da es weder feste Wege noch ausgebaute Straßen in dieser Gegend gab. Der Weg zur Ostsee war auch nicht weit, weshalb Demmin zu damaliger Zeit auch als Seestadt bezeichnet wurde. Die Wilzen errichteten die Burg "Alte Schanze" südöstlich der heutigen Stadt. Als Kaiser Karl der Große

Demmin: Speicher am Hanseufer

Berühmte Demminer

Berühmte Bürger von ***Demmin*** *sind der Arzt Julius Cohnheim (Breslau und Leipzig), der zu den Förderern Robert Kochs gehörte, dann Heinrich Karl Schimmelmann, der als dänischer Finanzminister ein Mäzen Schillers war, der Arzt Julius Gustav Lorenz Muhrbeck, den eine innige Freundschaft mit Theodor Körner verband. Zu den jüngeren Berühmtheiten gehört Prof. Dr. Berthold Beitz, der ehemalige Vorstandsvorsitzende der Alfred-Krupp-Werke AG. Zu den berühmtesten Weidmännern der Vorkriegszeit zählt der Boxer Max Schmeling, der hier häufig einkehrte. Von 1860 bis 1920 war Demmin Garnisonsstadt für die Weißen Ulanen des II. Pommerschen Ulanenregimentes Nr. 9, deren Kasernen und Pferdeställe (für 700 Tiere!) noch heute vorhanden sind. Die Häuser in der Schillerstraße waren seinerzeit extra für die Offiziere gebaut worden. Einer Demminerin aus schwerer Zeit wollen wir noch gedenken: Louise Dorothea Schulz. Die Tochter eines Demminer Fischers geriet als Schillscher Husar 1809 in Stralsund in französische Gefangenschaft. Hochbetagt und von preußischen Offizieren stets als "Husar Schulz" betitelt, starb sie in Frankfurt am Main, ohne ihre Heimatstadt je wiedergesehen zu haben.*

1140 erste urkundliche Erwähnung durch Papst Innocenz II. Von 1283 bis 1607 war Demmin Mitglied des Hansebundes. Reiche Städte, so auch Demmin, schützten ihre Bürger und ihr Hab und Gut durch den Bau von Stadtmauern mit Türmen und Toren. So hat nach dem Dänenkönig Waldemar I. bis zum Dreißigjährigen Krieg niemand mehr die Stadt erobert, 4 Tore und 27 Türme (auf Steinwurfweite voneinander entfernt), dazu die sumpfigen Wiesen und der künstlich angelegte Stadtgraben im Osten, waren ein wirksamer Schutz. Davon übrig geblieben sind nur ein Tor, ein Turm und Teile der

im Jahre 789 mit seinem Heer bis zur Peene vordrang, ergab sich der wilzische König Dragowit. Ob die Burg nun verfiel oder zerstört wurde, ist heute nicht mehr nachzuweisen. In den 1970er-Jahren haben Schweriner Archäologen dort Grabungen durchgeführt und vermessen. Nach ihrer Einschätzung lebten einst etwa 400 Menschen in der Burg.

Deutsche Ritter und Bauern strömten nach und nach ins Land, bauten Burgen, Städte und Dörfer. Wälder wurden gerodet, Felder angelegt und das Handwerk blühte auf. Warenüberschüsse wurden auf Handelswege gebracht. Städte entstanden und die Macht darin übernahmen Handels- und Kaufleute.

Aus dem Leben einer Hansestadt

Nach 1800 wuchs ***Demmin*** *allmählich über seine Mauern hinaus. Die Industrialisierung setzte ein, Eisengießereien entstanden. Eine Glockengießerei nahm ihre Arbeit auf, von der heute noch etwa 50 Glocken erhalten sind. Die Stadt besaß 9 See- und 36 Küstenschiffe. Große Bedeutung hatte der Getreidehandel. Demminer Werften bauten für Greifswald und Stralsund Schiffe. Eine Zuckerfabrik entstand. Die Demminer Bockbier-Brauerei stellte ein vorzügliches Bier her. Und wer früher den Demminer Getreidekorn genoss, wusste dessen Qualität, seine Milde, zu schätzen. 1832 gründete Wilhelm Gesellius eine Druckerei, die bald ein Wochenblatt und später eine Tageszeitung herausgab. Der Hafen wurde erweitert, die Gasanstalt nahm ihre Arbeit auf und die Eisenbahnverbindungen nach Stralsund und Berlin wurden aufgenommen. Kontinuierlich erhöhte sich die Einwohnerzahl. Viele Vereine entstanden. Die älteste Vereinigung ist die Schützengilde, die schon 1699 nachweisbar ist. Berühmt war auch die "Demminer Liedertafel" wegen ihrer hohen gesanglichen Qualität.*

Demmin: Luisentor mit Bartholomaei-Kirche

Stadtmauer, die acht Meter hoch ist. Mit dem Dreißigjährigen Krieg und dem Aussterben des Geschlechtes der Pommernherzöge begann der Niedergang der Stadt. Von 1648 bis 1715 war Demmin schwedisch, dann wurde es dänisch und 1720 preußisch. Zahlreiche Kriege zogen die Stadt in Mitleidenschaft, und erst nach den Befreiungskriegen von 1813 bis 1815 begann für die Stadt eine lange Friedenszeit.

Eine schwere Zeit musste die Stadt 1945 durchmachen. Vom 1. bis 4. Mai 1945 wurde die Innenstadt zu 80 Prozent durch Feuer zerstört. Hunderte von Menschen gingen in den Freitod. Hunderte aus dem Osten Vertriebene starben bei ihrem Zwangsaufenthalt in Demmin durch Krankheiten wie Typhus. Erst 1952 wurden in der Stadt neue Häuser gebaut und die Trümmer beseitigt. Statt die ausgebrannten und wieder auszubauenden Ruinen der historisch wertvollen Gebäude zu restaurieren bzw. zu konservieren, wurde vieles abgerissen. Man wollte eine völlig neue Stadt aufbauen – ohne historischen Kern. Dabei wurde das Stadtbild völlig verschandelt. Sogar Teile der Stadtmauer mussten abgetragen werden und mehrere historisch bedeutsame Straßen des mittelalterlichen Stadtkerns wurden einfach überbaut. Demmins Geschäftsstraße verschwand. Aufgrund der nachgewiesenen Mitgliedschaft Demmins im Hansebund trat die Stadt 1992 dem Hansebund der Neuzeit bei.

Sehenswertes: Die **Speicher** am Stadthafen, ein Ensemble aus Getreidespeichern, lassen die einstige Bedeutung Demmins als Hansestadt ahnen. **St. Bartholomaei,** mit seinem 95,8 m hohen Turm, grüßt schon von weitem die Besucher der Hansestadt. Ihre Formen der Neugotik sind einzigartig in der norddeutschen Kirchenbaulandschaft. Als Festsaal genutzt wird heute die **Fritz-Reuter-Schule** ("Rote Schule"), 1894-96 auf Initiative des Rektors Carl Goetze als Knabenschule errichtet. Bis 1821 hieß das **Luisentor** "Kuhtor" und ist das höchste und letzte Stadttor, mit gotischem Staffelgiebel, ursprünglich mit hölzernem Wehrgang unterhalb des Giebelansatzes, zeitweilig Stadtgefängnis, nach 1952 Jugendherberge. Von 27 Türmen und Toren der mittelalterlichen Be-

Mit dem Rad durchs Trebeltal und Peenetal

*Auf dem offiziellen Stadtplan von **Demmin** findet der Besucher der alten Hansestadt zwei empfehlenswerte Radwanderungen (mit Tourenskizze):*

Tour 1 „Durch das Trebeltal"
Bei dieser Radtour ist man gut 39 km unterwegs, teils auf ausgebauten Radwegen, Plattenstraßen, gut befahrbaren Waldwegen und befestigten Wiesenwegen. Zwischen Demmin und Nehringen (etwa die Hälfte der Gesamtstrecke) ist die Route mit dem Fernradweg Nr. 6 identisch.

Tour 2 „Durch das Peenetal"
Über 66 km lang ist dieser Tourenvorschlag, also eher etwas für sportliche Radler. Es überwiegen Bitumenstraßen, 3 km lang auch ein Radweg entlang einer Autostraße, teils aber auch befestigte Flurwege, Plattenwege oder Kopfsteinpflaster.

festigung steht noch als einzig erhaltener Stadtmauerturm der **Pulverturm.** Am **Geselliushaus,** 1935 von der Buchdruckerfamilie Gesellius errichtet, die seit 1832 das "Demminer Tageblatt" vertrieb, zeigt der Erker Symbolfiguren, Zunft- und Handwerkerzeichen. Wegen der guten Akustik über Jahrzehnte (bis 1935) als Konzertsaal genutzt wurde die **Jahnturnhalle,** 1885 als Knabenturnhalle mit Turnplatz erbaut. Im **Wasserturm,** vor etwa 100 Jahren aus roten Backsteinen errichtet, befindet sich heute eine gut ausgerüstete Sternwarte mit Planetarium. Die **Demminer Mühle** ("Beerbaumsche Mühle"), ein Achtständerbau von 1810, ehemals mit Wagendurchfahrt und umlaufender Galerie, besitzt noch ein Originaldrehwerk. Zu Ehren der Weißen Ulanen des II. Pommerschen Ulanenregimentes Nr. 9, die von 1860 bis 1919 in Demmin stationiert waren, wurde 1924 das **Ulanendenkmal** am Rande der Demminer Tannen eingeweiht.

Bei der **Dorfkirche** von *Beggerow,* südlich der Hansestadt, handelt es sich um einen mittelalterlichen Feldsteinbau, der eine kostbare Kanzel (um 1600) besitzt.

DOBBIN-LINSTOW A 5

Gemeinde, **Kreis:** Güstrow, **Bundesland:** Mecklenburg-Vorpommern, **Postleitzahl:** 18292, **Tel.-Vorwahl:** 038457

Geschichte: Am Ufer des Krakower Obersees liegt Dobbin, ein Ort wendischen Ursprungs, dessen Name „guter Ort" bedeutet und der erstmals 1227 urkundlich erwähnt wurde. Zischen 600 und 1200 war die Gemarkung bereits von Slawen besiedelt. Dobbin, das 1347 ein ritterliches Erblehnen war, ist ein altes Gutsdorf mit zwei Höfen sowie Resten frühdeutscher Turmhügel. Das hiesige Gut gehörte bis 1936 der niederländischen Königin Wilhelmine, deren Tochter Juliane hier oft ihre Ferien verlebte. 1936 erwarb der damalige Vorsitzende der Royal Dutch Shell, Sir Henry Dederding, diesen Besitz. Er ließ neben dem Kavaliershaus einen Park mit Goldfischbecken und Schwimmbad errichten.

Sehenswertes: Sehenswert ist die **Dorfkirche** (im Kern 14. Jh.), die jedoch 1872 dem Zeitgeschmack entsprechend umgestaltet und mit einem Westturm versehen wurde. Die ehemalige **Wassermühle „Walkmöhl"**, die ursprünglich an einem Nebelübergang errichtet worden war, wurde bis 1949 genutzt. Zwischen der ehemaligen Mühle und dem Krakower See befindet sich jetzt eine Forellenzuchtanlage. In Dobbin steht mit einem Stammumfang von acht Metern die mächtigste **Buche** ganz Mecklenburgs. Südöstlich von *Glave* ist der **Gültzsee** unter Naturschutz gestellt. Die Gesamtfläche des Schutzgebietes beträgt fast 275 ha, von denen der See 43 ha einnimmt. Dieser ist eingebettet in die Kieferheide und besitzt eine Wassertiefe bis zu 15 Metern. Binsenschneide und Schilfrohr bilden einen Gürtel um den See, in dessen Flachzonen die seltenen Armleuchteralgen zu finden sind. Tierisches Plankton ist sehr artenreich vorhanden. Im umliegenden Waldgebiet gedeihen Wintergrün und Kriechendes Netzblatt. Da dieser See zur Kernzone des Naturparks Nossentiner/Schwinzer Heide gehört, hat die Öffentlichkeit nur begrenzt Zugang.

FAULENROST F 4

Gemeinde, **Kreis:** Demmin, **Bundesland:** Mecklenburg-Vorpommern, **Postleitzahl:** 17139, **Tel.-Vorwahl:** 039951

Faulenrost gehört zu den „Reuter-Dörfern" und ist eine kleine Gemeinde an der Ostpeene, deren Lauf nördlich von Faulenrost, bei der Ortschaft Demzin, unter Naturschutz steht.

Geschichte: Der niederdeutsche Dichter Fritz Reuter beschrieb die Gemeinde Faulenrost in einer Anekdote, die in „Urgeschicht von Mecklenborg" erschien. In Demzin verbrachte Reuter zwischen 1842 und 1845 sein landwirtschaftliches Volontariat auf dem Gut der Familie von Hahn.

Sehenswertes: Einzige Sehenswürdigkeit im Ort ist das ehemalige **Barockschloss** (1760), dessen Hauptgebäude jedoch nicht mehr vorhanden sind. Es existieren nur noch Wirtschaftsgebäude und das Kavaliershaus.

In *Ritterrmannshagen,* südwestlich von Faulenrost und am Rittermanshagener See gelegen, steht eine frühgotische **Backsteinkirche** (13. Jh.) mit blendengeschmücktem Ostgiebel. Mehrere gotische Schnitzfiguren aus dem 15. Jh. und das spätgotische Kruzifix bereichern die Innenausstattung. Im nordöstlich von Faulenrost liegenden *Zettemin* stößt man auf ein weiträumiges **Barockschloss** mit im Viertelkreis angeordneten Flügelbauten. Bei der dortigen **Dorfkirche** handelt es sich um einen gotischen Feldsteinbau aus dem 13. Jh. mit einem spätgotischem Westturm. Die vorhandenen Kreuzrippengewölbe der Kirche sind typische Stilmerkmale der Gotik. Zur Ausstattung gehört eine bemerkenswerte Orgel von 1779. Von dem einstigen **Schloss** im östlich benachbarten *Rottmannshagen* sind noch die Stallungen und die Kavaliershäuser erhalten. Das **Gutshaus** entstand 1728/32.

GROSS GIEVITZ F 5

Gemeinde, **Kreis:** Müritz, **Bundesland:** Mecklenburg-Vorpommern, **Postleitzahl:** 17192

Groß Gievitz liegt am Nordrand des Landschaftsschutzgebietes Torgelower See, einem zum Baden geeigneten See unweit des Dorfes. In diesem Landschaftsschutzgebiet haben sich bis zu 200 Kormoranpaare niedergelassen. Es handelt sich dabei um die zweitgrößte Kolonie in Mecklenburg-Vorpommern.

Sehenswertes: Ein architektonisches Kleinod ist die frühgotische **Dorfkirche** (13. Jh.) mit ihren Ausmalungen aus dem 15. Jh., die im Chor und Langhaus zu sehen sind. In den Fresken sind Fabelwesen und der in einem Schiff thronende Christus zu erkennen. Der Feldsteinbau weist kuppelige Kreuzgratgewölbe und einen wuchtigen Westturm auf. Unter der Ausstattung befinden sich eine frühgotische Taufe sowie die Herrschafts- und Orgelemporen von 1707 als Teile der barocken Umgestaltung der Kirche. Das neugotische ehemalige **Gutshaus** dürfte vermutlich im 17. Jh. entstanden sein.

Innenraum der gotischen Backsteinkirche von Groß Gievitz

Das **Herrenhaus** von *Deven,* südöstlich von Groß Gievitz, ist ein klassizistischer Putzbau (19. Jh.) mit Pilastergliederung. Darüberhinaus besitzt das Dorf eine gotische **Feldsteinkirche** mit blendengeschmückten Giebeln. Der Kanzelaltar aus dem 18. Jh. enthält spätgotische Schnitzfiguren. In *Alt Schönau*, westlich von Groß Gievitz, steht eine pittoreske, frühgotische **Dorfkirche** (13. Jh.) mit blendengeschmückten Giebeln.

HOHEN DEMZIN C 3

Gemeinde, **Kreis:** Güstrow, **Bundesland:** Mecklenburg-Vorpommern, **Postleitzahl:** 17166

Hohen Demzin verfügt in Burg Schlitz, mit Skulpturenweg, über ein touristisches Highlight.

Geschichte: Burg Schlitz und sein Landschaftspark sind eng mit dem Wirken des Barons von Labes verbunden, der 1791 das Gut Karstorf und anschließend auch die Güter Hohen Demzin, Groß Köthel und Thürkow erwarb. 1793 heiratete der Baron die Tochter des Preußischen Ministers Eustrach Graf von Schlitz-Görz. Aufgrund seiner vorheri-

Auf dem Skulpturenweg von gestern nach heute und morgen

*Südlich von **Hohen Demzin** zieht sich von Burg Schlitz Richtung Görzhausen ein frei in die Landschaft führender Skulpturenweg. Schon zwischen 1808 und 1826 stellte der Burgherr Graf Schlitz Obelisken und Denkmale in den von ihm geschaffenen Schlosspark: Blücherdenkmal (1816), Rheinbundkreuz (1808), Wanderstabdenkmal (1811), Schilderstein (1826), Elisabethstein (1810) und Begrüßungsobelisk (1816). Eine Brücke von der Vergangenheit in die Zukunft schlagen in unseren Tagen entstandene Skulpturen: Spiegelei (2001), Stelen (2001), Nest (2001) und Feuerbaum (2002). Und der Weg ist noch keineswegs zu Ende: In den nächsten Jahrzehnten sollen weitere Skulpturen folgen und die Ideen des weltoffenen Grafen Schlitz noch weiter hinaus in die Landschaft tragen.*

gen Adoption nannte sich von Labes fortan Hans Graf von Schlitz. Er war in der Landwirtschaft erfolgreich tätig und gründete gemeinsam mit Professor Carstens die Mecklenburgische Landwirtschaftsgesellschaft. Berühmtes Mitglied dieser Gesellschaft war Heinrich von Thünen, dem in Tellow ein Museum gewidmet wurde.

Neben der Landwirtschaft beschäftigte sich der Graf auch mit der Landschaftspflege. Er ließ vor allem Pflanzungen am Rand seiner Felder, an den Wegen und auf den kahlen Hügelkuppen anlegen. Während der ersten Jahre in Karstorf lebte die gräfliche Familie nicht etwa im barocken Gutshaus, das an der Stelle eines frühdeutschen Turmhügels stand, sondern im umgebauten Schafstall des Gutes. 1811 jedoch wurde der Grundstein zum noch heute vorhandenen Schloss gelegt. Dieses Schloss war als Mittelpunkt eines weitläufigen Landschaftsparks gedacht, der in den Folgejahren entstand.

Sehenswertes: Südlich von Hohen Demzin steht unmittelbar an der B 108 die klassizistische **Burg Schlitz**. Sie besteht aus drei Pavillons, die durch Galerien miteinander verbunden sind. Ihre Entstehungszeit datiert in die Jahre 1811 und 1824. Umgeben ist das Schloss von einem sehr attraktiven Landschaftspark, dessen Entstehung auf Baron Hans von Labes (1763-1831) zurückgeht. Nach seinem Ausscheiden aus dem diplomatischen Dienst zog er sich auf Gut Karstorf unweit des Buchenberges zurück. In den Landschaftspark mit bedeutsamen Baumbeständen fügte man über 40 Denkmäler und Steinsetzungen ein. So findet der Spaziergänger zu seiner Orientierung auch obeliskartige Meilensteine entlang der Wege. In der Nähe des Schlosses steht der 1905 von Walter Schott geschaffene, vermutlich 1932 in der Burg Schlitz aufgestellte **Nymphenbrunnen,** der im Auftrag des Berliner Kaufhauses Wertheim entstanden war. Im Juli 1999 wurde hier ein Schlosshotel eröffnet.

In *Kirch Grubenhagen*, südwestlich der Burg Schlitz, steht eine frühgotische **Backsteinkirche** aus dem späten 13. Jh., die 1861 stark verändert wurde. Die Moseskanzel stammt aus dem Jahr 1707. Hinzuweisen ist auch auf die Grabdenkmäler derer von Maltzahn aus dem 15.-18. Jh. Im nordwestlich gelegenen *Schloss Grubenhagen* findet sich ein eingeschossiges **Herrenhaus,** ein klassizistischer Putzbau von 1843. Auch im

Südlich von Hohen Demzin: Burg Schlitz

nahen *Großen Luckow* existiert ein **Herrenhaus,** allerdings kein Putzbau, sondern ein zweigeschossiger, neugotischer Backsteinbau von 1842. Der **Röthelberg** (96 m) bietet einen reizvollen Panoramablick auf den Malchiner See und die weitere Umgebung.

IVENACK — HI 3

Gemeinde, **Kreis:** Demmin, **Bundesland:** Mecklenburg-Vorpommern, **Postleitzahl:** 17153

Der im nahen Stavenhagen geborene Dichter Fritz Reuter schrieb über Ivenack und seine 1000-jährigen Eichen: „Diese Eichen waren die stolzen Wächter meiner Besitzungen, bis hierher ging mein Reich und zugleich meine Geographie, was darüberhinaus lag, war unbekanntes Land.“

Geschichte: Ivenack, dessen Name mit der Nutzung der Gegend als Weide in Verbindung steht, geht auf die 1252 erfolgte Gründung eines Zisterzienser-Nonnenklosters zurück, auf dessen Grundmauern Jahrhunderte später ein Schloss erbaut wurde.

Napoleon und „Herodot“

*Unter Pferdeliebhabern in und um **Ivenack** ist die Geschichte des Schimmelhengstes „Herodot“ bekannt, der zum Lieblingspferd Kaiser Napoleons aufstieg, nachdem ihn französische Soldaten beschlagnahmt hatten. Nach den Befreiungskriegen (1813-1815) kehrte der Schimmel mit seinem Stallmeister aus Paris nach Ivenack zurück. Das Pferd, so wird erzählt, wurde etwa einen Kilometer vom Bahnhofsgebäude unter der Herodot-Eiche beigesetzt.*

Sehenswertes: Das **Schloss,** im Kern ein Renaissancebau, ist eine zweigeschossige Dreiflügelanlage aus dem 16. Jh. Es wurde 1709 erweitert, nachdem es von Herzog Friedrich Wilhelm von Mecklenburg-Schwerin an Geheimrat Ernst Christoph Koppelow veräußert worden war. Auffallend ist der zweieinhalbgeschossige Mittelrisalit. Die Nebengebäude, Marstall und Orangerie, entstanden um 1750. Ein weitläufiger **Landschaftspark** mit 1000-jährigen Eichen dehnt sich zwischen Ivenack und Stavenhagen aus. Der größte Eichenbaum unter den Ivenacker Eichen hat einen Kronendurchmesser von 29 Metern, eine Kronenlänge von 31 Metern und einen Stammumfang von 11 Metern. Vermutlich gäbe es einen noch dichteren Eichenbestand als den heute vorfindbaren, doch für etliche bronzezeitliche Siedlungsplätze rund um Ivenack wurde der einstige Urwald schon frühzeitig gelichtet. Rund um den 1-2 m tiefen, zum Baden ungeeigneten **Ivenacker See** findet man Weiden ebenso wie Perlgras-Buchenwald mit Einstreuungen von Stieleichen und Bergahorn. Ein Wildgehege wurde nach 1747 angelegt, nachdem das herzogliche Amt Ivenack an den Reichsgrafen Helmold von Plessen übergegangen war. Dieses Gehege wurde jedoch 1929 aufgelöst. 1974 setzte man in der Nähe der Alten Försterei 100 Stück Damwild aus, um die Bedingungen für den Erhalt eines Hutewaldes zu verbessern.

Von der Nonne zur Eiche

*Einer Sage nach soll es sich bei sieben Eichen von **Ivenack** um Nonnen handeln, die des Klosterlebens überdrüssig gewordenen waren und mit dem Teufel ein Bündnis schlossen. Bedingung für die Fluchthilfe des Teufels war, dass sich die Nonnen nicht umschauen sollten, sobald sie dem Kloster den Rücken gekehrt hatten. Doch die Neugier war stärker. So drehten sich die Nonnen um und wurden als Strafe zu knorrigen Eichen verwandelt.*

Kaum noch erkennbar sind die Inschriften auf zwei Steinen, die im Volksmund „Lischengrab“ heißen. Sie wurden durch den Grafen von Ivenack in Erinnerung an seine mit 22 Jahren 1775 verstorbene Geliebte Elisabeth Gülow, Tochter des Stadthalters in Grischow, im späten 18. Jh. gesetzt. Auf einem der Steine heißt es: „Ein Mensch, der sie während fast sieben Jahren liebte, abwechselnd mit so viel Lieblichkeit und Freude verbracht, hat dieses einfache Denkmal ihrer Asche errichtet, um diese schwache Spur von seiner Liebe zu hinterlassen.“

Die ursprünglich gotische **Kirche** stammt aus der Mitte des 13. Jh. Sie wurde im Dreißigjährigen Krieg weitgehend zerstört und durch einen klassizistischen Bau (1867/68) ersetzt. Der Altaraufsatz aus dem 13. Jh. wurde durch das Gemälde „Christus auf dem Ölberg“ ergänzt, das 1868 entstand.

Tausendjährige Eiche bei Ivenack

Die **Dorfkirche** von *Lindenberg* ist ein stattlicher Feldsteinbau (Ende 16. Jh.) mit interessanten Wandmalereien von 1597 sowie einer aus dem späten 17. Jh. stammenden Mosaikkanzel. Eine kleine frühgotische **Backsteinkirche** (spätes 13. Jh.) findet sich in Zwiedorf östlich von Ivenack.

JÖRDENSTORF D 1

Selbstständige Gemeinde, **Kreis:** Güstrow, **Bundesland:** Mecklenburg-Vorpommern, **Postleitzahl:** 17168, **Tel.-Vorwahl:** 039977

Sehenswertes: Die **Dorfkirche,** um 1250 entstanden, besitzt einen aus Feldsteinen erbauten, rechteckigen Chor, während das Kirchenschiff aus Backsteinen errichtet wurde. Erst im 15. Jh. wurden die Turmuntergeschosse erbaut, das eingerückte oberste Geschoss mit dem Zeltdach im 17. Jh. Die Leibungen der Spitzbogenfenster weisen ebenso wie die Giebel reiche Blendengliederung auf. Die Innenausstattung ist überwiegend im Barockstil gehalten. Hinzuweisen ist vor allem auf das Altarbild mit der Kreuzigungsszene und die geschnitzte Kreuzigungsgruppe aus dem 15. Jh. Im Ortsteil Schrödershof suchte der Ortsadel bereits im 14. Jh. bei aufziehender Gefahr Zuflucht im heute noch sichtbaren **Turmhügel.** Noch älter sind die **Erdwälle** einer frühdeutschen Burg in Klein Markow.

Westlich von Jördenstorf umgibt in *Groß Wüstenfelde* ein **Burgwall** aus dem 13. Jh. das **Gutshaus** (17. Jh.). Aus der einst slawischen Befestigung wurde später eine frühdeutsche Burg (Turmhügelburg). Von den Jördenstorfer Umlandgemeinden hebt sich *Lelkendorf* durch seinen **Tierrassenpark** hervor. Im Park mit seinen über 500 Jahre alten Eichen sind vom Aussterben bedrohte europäische Nutztiere beheimatet. Das **Schloss** aus dem 16. Jh. ist wieder privat bewohnt. Romanische Rundbogenfenster in der **Dorfkirche** von *Levitzow* lassen auf eine Erbauung um 1280 schließen, gleichwohl der hölzerne Westturm aus dem 15. Jh. stammt. Unter Denkmalschutz steht hier die **Wassermühle** (1894) mit Staubach. Barock und gut erhalten präsentiert sich das **Gutshaus** (1735) in *Schwiessel,* während vom nahen Tudorschloss (1864) nur noch Ruinen stehen, umgeben von einem gepflegten Park. Der Neorenaissance zugerechnet wird das **Schloss** (1852-56) in *Matgendorf.* Im zugehörigen Park, mit kleinem Badesee, findet alljährlich im Sommer ein Parkfest statt. Eines der größten Barockschlösser Mecklenburgs steht in *Prebberede.* Das **Schloss** entstand 1772-78 und ist innen in aufwändigem Rokoko ausgestattet, neugotisch wurde die Schlosskapelle (1862) gestaltet. Reste eines romanischen Taufsteins (um 1230) zieren die frühgotische **Backsteinbasilika** in *Belitz*. Auf dem Friedhof ruht der Agrarreformer J. H. von Thünen (1783-1850). Im Tudorstil errichtet wurde um 1848 das **Schloss** von *Poggelow.* Auf der Flur von *Schwasdorf* finden sich am Fuchsberg fünf bronzezeitliche **Hügelgräber** und beim Weiler Ausbau ein jungsteinzeitliches **Großsteingrab**. Von dem Gutshof in *Remlin* hat sich die mit Schilf gedeckte **Gutsscheune,** ein denkmalgeschützter Fachwerkbau von 1870, erhalten. Auf der Flur „Alte Burg“ in *Sukow-Marienhof* konnte eine slawische **Fliehburg** (um 600) ausgegraben werden, mit seltenen Keramikfunden der „Sukower Gruppe“. Zur frühgotischen **Backsteinkirche** (13. Jh.) von *Thürkow* gesellt sich ein schmuckes Pfarrhaus von 1762. Am geschützten **Thürkower Bach** dreht sich am kleinen Kraftwerk ein Wasserrad.

KUCHELMISS A 4

Gemeinde, **Kreis:** Güstrow, **Bundesland:** Mecklenburg-Vorpommern, **Postleitzahl:** 18292, **Tel.-Vorwahl:** 038456

Geschichte: Erstmals wurde der Ort, der am Rande des Durchbruchstals der Nebel liegt, 1366 urkundlich genannt. Er lag seit der Christianisierung um 1200 bis Ende des 19. Jh. im Besitz des Rittergeschlechts von Hahn. Aus wendischer bzw. sächsischer Zeit haben sich die Kirche in Serrahn und der Turmhügel einer Burg (1230-40) im heutigen Schlosspark von Kuchelmiß erhalten.

Die Nebel

*Auf einer Länge von 20 Kilometern ist die aus dem Krakower See austretende Nebel unter Schutz gestellt. Bei **Kuchelmiß** durchbricht der Fluss die Endmoräne und formt ein Durchbruchstal, schöner wohl als das der Warnow. Von Kuchelmiß mit seiner als technisches Denkmal ausgebauten Wassermühle lassen sich Wanderungen auf einem ausgeschilderten Rundwanderweg mit Hinweistafeln zum Nebel-Durchbruchstal unternehmen. Am Fluss findet man Röhrichte ebenso wie Auwaldbereiche. Die Nebel besitzt in ihrem Unterlauf zahlreiche Mäander mit Prall- und Gleithängen. Hier ist das Bruthabitat von Eisvogel und Gebirgsstelze. Auch der Fischotter ist an der Nebel heimisch. Im Winter kann man am Fluss Wasseramseln beobachten. Bachforelle und Neunauge sind in der Nebel ebenso zu finden wie Schmerle und Steinbeißer. Im Übrigen ist das Befahren des unter Schutz gestellten Abschnittes der Nebel nicht gestattet.*

Wassermühle in Kuchelmiß

Sehenswertes: Öffentlich genutzt wird heute das **Herrenhaus** (um 1615), dessen Fachwerk umfassend restauriert wurde. Von dem Mitte des 19. Jh. erbauten Schloss ist nur noch der **Schlosspark** mit sehenswertem Eichenbestand, Marstall, Waschhaus und Kavaliershäuschen erhalten. Am Karpfenteich im Park ist der **Turmhügel** einer mittelalterlichen Burg (1230-40) gut erkennbar. Die alte **Wassermühle** wurde 1558 als Ersatz für eine Serrahner Mühle gebaut und 1751 erneuert. Sie ist seit 1980 ein Technisches Denkmal. Zur Begegnungsstätte wurde die **Scheune** (1856) neben der Mühle. Im nahen „Nebel-Holz" findet man zahlreiche bronzezeitliche **Hügelgräber.** Die Landschaft rund um Kuchelmiß, aus Mooren, Halbtrockenrasen, Wiesen und Verlandungszonen, abwechslungsreich gestaltet, bietet Lebensraum für seltene Pflanzen und Tiere. Der Fischotter ist hier ebenso anzutreffen wie der Kranich, und in der Nebel tummeln sich zwei Dutzend verschiedene Fischarten. Zwischen Krakow und Kuchelmiß sowie südlich der Straße Ahrenshagen – Krakow liegt der **Ahrenshäger See** oder **Brinksee,** der unter Naturschutz gestellt wurde. Neben dem 6 ha großen See umfasst das Schutzgebiet fast 35 ha Wald. Die Maximaltiefe des Sees beträgt acht Meter. In ihm gedeiht ein Rasen aus Armleuchteralgen und artenreiches tierisches sowie pflanzliches Plankton. Im Buchenaltholz des Waldes leben Fledermäuse und Siebenschläfer. Eingebettet in Bruchwald sind Reste von Moorvegetation wie Rauschbeere und Sumpf-Porst zu finden. Das seltene Gemeine Sonnenröschen ist Bestand der Halbtrockenrasenvegetation auf der Lehmkuppe bei Ahrenshagen.

Serrahn war einst ein Fischerdorf, dessen Name „Aalfang" bedeutet. Die **Backsteinkirche** stammt wohl aus dem 13. Jh., wurde jedoch im 19. Jh. zu einer kreuzförmigen Anlage umgebaut. Sehenswert ist auch der **Fachwerkbau** der einstigen Post, die als älteste in Mecklenburg bereits 1667 erwähnt wurde. In der umliegenden Feldmark gibt es eine Reihe interessanter, bronzezeitlicher und steinzeitlicher **Hügelgräber,** während im ehemaligen Gutspark von *Groß Grabow*, nordwestlich von Kuchelmiß, ein frühdeutscher **Turmhügel** auszumachen ist.

Das Durchbruchstal der **Nebel** ist der Öffentlichkeit zugänglich, da es durch einen Naturlehrpfad touristisch erschlossen ist. In der Umgebung von Kuchelmiß existieren zudem die Flächendenkmäler „Blänke", ein 7 ha großer Bruchwald, „Engelken-Moor" mit typischer Moorvegetation und „Hoher Berg" mit Südhangvegetation.

KUMMEROW G 3

Gemeinde, **Kreis:** Demmin, **Bundesland:** Mecklenburg-Vorpommern, **Postleitzahl:** 17139

Am Ufer des Kummerower Sees liegt dieses romantische Dorf, das Wassersportler ebenso anzieht wie „Petri-Jünger". Kummerow liegt am Radfernweg Mecklenburgische Seenplatte – Rügen sowie an der Deutschen Alleenstraße.

Am Kummerower See

Sehenswertes: Die **Dorfkirche** ist im Kern ein spätromanischer Bau, der um 1750 barock umgestaltet wurde. Hinzuweisen ist besonders auf die Orgelempore mit emblematischer Malerei und den Kanzelaltar, die beide aus dem 18. Jh. stammen. Beliebt ist das **Wasserwandern** zwischen Malchin – Kummerower See – Hansestadt Demmin – Jarmen (außerhalb).

Im südöstlich gelegenen *Grammentin* steht eine barocke **Feldsteinkirche** mit Fachwerkturm. Sehenswert ist der **Hafen** mit der Mole.

LALENDORF AB 3

Gemeinde, **Kreis:** Güstrow, **Bundesland:** Mecklenburg-Vorpommern, **Postleitzahl:** 18279, **Tel.-Vorwahl:** 038452

Lalendorf liegt westlich der Mecklenburgischen Schweiz und nördlich der Mecklenburgischen Seenplatte. In der weiteren Umgebung finden sich Seen wie Flacher Ziest und Tiefer Ziest, die auf Grund ihrer guten Wasserqualität zum Baden einladen. Weitere Seen, wie der Warinsee oder Hofsee, sind ausgesprochene Angelseen.

Sehenswertes: Das **Panzerdenkmal** in Lalendorf ist ohne Zweifel eine Besonderheit. Die Anlage besteht aus einem Panzer T 34/85 (Baujahr 1943) und einem Obelisk.

Im einstigen **Gutshaus** (19. Jh.) im weiter südlich gelegenen *Lübsee* wurden nach 1945 Wohnungen eingerichtet. Die gotische **Feldsteinkirche** stammt aus dem 15. Jh. Der Turm und die Sakristei stammen aus den sechziger Jahren des 19. Jh. Zu beachten ist der fünfteilige Altaraufsatz von 1500, dessen Schnitzereien die Hl. Anna mit Maria und Jesus sowie die zwölf Apostel zeigt. Direkt an der B 104 in Richtung Teterow befindet sich das lang gestreckte Bauerndorf *Raden*. In der Mitte des Dorfes steht die einzige katholische Kirche des Amtsbereiches. Die Kirche wurde erst 1950/51 erbaut. Die Mauern sind aus Feldsteinen der näheren Umgebung errichtet. In der Kirche befinden sich ein aus Lindenholz geschnitzter Kreuzweg und zwei fast lebensgroße Statuen. In *Vietgest* fällt das spätbarocke **Schloss** auf, das1792/94 erbaut wurde. Der Festsaal des Schlosses glänzt wieder in seiner alten Schönheit. Heute wird das Schloss als Seminar- und Tagungshotel genutzt. Erwähnenswert ist auch die bis heute erhaltene **Dorfschmiede** von 1860. Die **Hallenkirche** in *Reinshagen* wurde Mitte des 13. Jh. erbaut. Der Schnitzaltar aus dem 15. Jh. stellt eine Kreuzigungsgruppe dar, die von vier heiligen Figuren gerahmt ist. An den Außenfeldern befinden sich je sechs Apostel. Neben der Kirche steht die so genannte **„Ausspanne“**, ein fünfhäusiger Forstkaten in historischer Lehmbauweise. Dieser Bau stammt aus der 1. Hälfte des 18. Jh. Auch eine **Wassermühle** aus dem 18. Jh. ist noch gut erhalten. Unter Denkmalschutz stehen die **Dorfkirche** (14. Jh.) und das **Pfarrhaus** (1703) von *Klaber*.

Südlich des Schmooksbergs

Zwischen dem Schmooksberg und der Mecklenburgischen Schweiz erschließen schöne Rundwanderungen für Fußgänger und Radfahrer das Umland von ***Lalendorf*** *(Auswahl):*

- *Tour 3*
  Radtour ab Vietgest über Lübsee, Mamerow und Lalendorf (21 km)
- *Tour 4*
  Radtour ab Schlieffenberg über Niegleve, Roggow u. Tolzin (13 km)
- *Tour 5*
  Radtour ab Langhagen über Rothspalk und Mamerow (21/16 km)
- *Tour 6*
  Wanderung um den Ziest (6 km)

Info: „Wandern zwischen Schmooksberg und Mecklenburgischer Schweiz“ (Broschüre)

LANGHAGEN B 4

Gemeinde, **Kreis:** Güstrow, **Bundesland:** Mecklenburg-Vorpommern, **Postleitzahl:** 18279, **Tel.-Vorwahl:** 038456

Langhagen liegt in einer besonders reizvollen Endmoränenlandschaft mit ausgeprägten Hügeln und Seen. Die Gegend ist für Einheimische sowie Besucher ideal für ausgedehnte Wanderungen. Zwei Badestellen, im Langhägener See und im bei Rekultivierung der Abbaufläche eines Kieswerks entstandenen Badesee, laden zum Verweilen ein.

Sehenswertes: Erst 1910 wurde die **Kirche** von Langhagen erbaut. Sie ersetzte eine schlichte Fachwerkkirche von 1615. Die Innenausstattung der Kirche ist schlicht.

Die **Dorfkirche** von *Klaber* stammt aus dem 14. Jh. Nach der Restaurierung der Kirche 1876 blieben nur noch die ursprünglichen Umfassungsmauern und das alte Tor sowie einige gotische Fensterleibungen erhalten. In *Rothspalk* gibt es eine wunderschöne **Ka-**

pelle, die Ende des 19. Jh. erbaut wurde. Sie steht am Rand eines kleinen Teiches zwischen Bäumen und Büschen.

MALCHIN F 3

Amtsfreie Stadt, **Kreis:** Demmin, **Bundesland:** Mecklenburg-Vorpommern, **Postleitzahl:** 17139, **Tel.-Vorwahl:** 03994

Malchin bettet sich nicht nur in den „Naturpark Mecklenburgische Schweiz und Kummerower See", sondern liegt auch an der Deutschen Alleenstraße.

Geschichte: Gegründet wurde die Stadt durch Nikolaus von Werle im Jahr 1236, nachdem er die Stadt von der Pommernherzogin erobert hatte. Als Pfand wurde sie später dänisch, schließlich wieder mecklenburgisch. Im Jahre 1621 wurde Malchin neben Sternberg Tagungsort des Mecklenburgischen Landtages. Ein großer Brand vernichtete 1663 Teile der historischen Stadt. Verheerend waren auch die Folgen des Zweiten Weltkrieges, als zwei Drittel der Stadt zerstört wurden.

Sehenswertes: Von den vier Stadttoren, die Teile der Stadtbefestigung waren, wurden das Wargentiner Tor und das Mühlentor 1860 abgetragen. Heute sind nur noch zwei spätgotische Vortore, das in Backstein erbaute und reich gegliederte **Kalensche Vortor** (15. Jh.) und das **Vortor des Steintores** (14. Jh.) erhalten. Hätte es 1893 keinen Protest Malchiner Bürger gegeben, wäre auch das Steintor für immer verschwunden. Unweit des einstigen Mühlentors steht der **Fangelturm,** ein Wartturm mit schönem Renaissancegiebel. Ein Besuch des **Rathaussaales** ist empfehlenswert. Es sind dort an der Wand 72 Innungswappen der in Malchin ehemals und teilweise noch heute vertretenen Gewerbe zu sehen. **Rathausturm** und **Kirchturm** sind begehbar und bieten einen eindrucksvollen Ausblick auf die Mecklenburgische Schweiz.

Die spätgotische **Stadtkirche** „St. Johannis" mit Marienkapelle (Weihe 1440) ist eine aus Backsteinen erbaute Basilika mit Chor, die einen 1397 abgebrannten, romanischen Vorgängerbau ersetzte. Der massige Turm erhielt seine Zwiebelspitze im 17. Jh. Im Chorraum steht ein klassizistischer Altar mit gekonnten Marmorimitationen aus Stuck und einem Kreuzigungsgemälde des Dresdener Malers Wilhelm Krüger von 1824. In der Marienkapelle ist der um 1430 entstandene, spätgotische Schnitzaltar zu sehen, der als zentrale Motive Christus und eine gekrönte Maria in sich trägt. Von Bedeutung ist auch die Renaissance-Kanzel von 1571 mit geschnitzten Evangelistenfiguren. Zu den musealen

Wasserwanderung über den Dahmer Kanal zum Malchiner See

Ein Dorado für Wassersportler ist der Malchiner See bei ***Malchin****. Wasserwanderer (Paddelboote, leichte Motorboote, kleine Segelboote) wählen am besten den Wasserwanderrastplatz „Kösters Eck" in Malchin als Startort. Fünf Brücken (die geringste Durchfahrtshöhe misst 1,70 Meter) müssen im Verlauf des Dahmer Kanals (8 km gegen den Strom) unterfahren werden. Stellenweise ist der Kanal nur einen halben Meter tief. Weil die Ufer des Kanals mit Bäumen bestanden sind, muss mit von Bibern geschaffenen Hindernissen gerechnet werden. Zu beachten ist auch die Schließung der Fischsperre am Seeeingang zwischen 19 (18) Uhr und 6 Uhr. Hat man dann den knapp 14 qkm großen und 8 km langen Malchiner See erreicht, heißt es erneut Umsicht walten zu lassen. Der See ist im Einfahrtsbereich (Flachwasser) nur 30 Zentimeter (!) tief.*

Kirchentour rund um den Malchiner See

Vier Highlights der Kirchenbaukunst kann man auf einer Fuß- oder Radwanderung um dem Malchiner See erreichen. Wählt man ***Malchin*** *als Ausgangspunkt, sollte man dort zuerst die Stadtkirche „St. Johannes und Maria" (1247 geweiht) mit dem Marienaltar (15. Jh.) aufsuchen. In der Dorfkirche zu Basedow zieht nicht nur die frühbarocke Orgel Besucher und Konzertteilnehmer in ihren Bann. Den Übergang von der Romanik zur Gotik demonstriert eindrucksvoll die Johanniskirche (13. Jh.) in Kirch Grubenhagen. Alle drei genannten Orte liegen an der „Deutschen Alleenstraße". Zum Abschluss der „Kirchentour" steht die Gutskirche (Ende 16. Jh.) in Bristow mit ihrem original bemalten Renaissancealtar auf dem Programm.*

Am Malchiner See

Kleinoden gehören die astronomische Uhr (1596) mit figürlichem und ornamentalem Dekor und die gotischen Gestühlwangen.

MOLTZOW D 4

Gemeinde, **Kreis:** Müritz, **Bundesland:** Mecklenburg-Vorpommern, **Postleitzahl:** 17194, **Tel.-Vorwahl:** 039933

Sehenswertes: Einer Liebesromanze zwischen Wilhelm von Maltzan und der erst 15-jährigen Adelheid von Oertzen verdankt Moltzow sein **Gutshaus** (um 1850) mit dem schönen Landschaftspark. In der Tradition der englischen Tudorgotik steht das **Schloss** (Mitte 19. Jh.) im Ortsteil Marxhagen. Wohnung und Stall waren einst unter einem Dach in dem **Hallenhaus** vereint, das man heute noch in Rambow sehen kann. Konzerte machen im Sommer hier auch auf die rechteckige **Feldsteinkirche** (17. Jh.) aufmerksam. Richtung Ulrichshusen stoßen Wanderer bei Rambow auf die Reste einer Feldsteinkirche („Wüste Kirche") aus dem 13. Jh. Für Trauungen im romantischen Ambiente steht die **Domäne** in Neu Gaarz zur Verfügung. Erfrischung verspricht der glasklare **Bergsee** im Ortsteil Alt Gaarz.

Domäne Neu Gaarz bei Moltzow

Bei der **Dorfkirche** vom östlich von Moltzow gelegenen Reiterdorf *Schwinkendorf* handelt es sich um eine aus dem 13. Jh. stammende, frühgotische Backsteinkirche, deren Chor ein Kreuzrippengewölbe und deren zweischiffiges Langhaus ein spätgotisches Sterngewölbe aufweisen. Sie ist somit eine der ältesten Kirchen der Region und wird wegen ihrer stattlichen Größe „Dom der Mecklenburgischen Schweiz" genannt. Im nordöstlich gelegenen Ortsteil *Langwitz* beeindruckt das 5.000 Jahre alte **Großsteingrab** „Langwitzer Steinkiste". Eine **Wasserburg** (1425) mit Denkmalpflegehof gibt's im nahen *Liepen* zu sehen. **Renaissanceschloss** (1562) und **Konzertscheune** ziehen Gäste vor allem der „Musikfestspiele Mecklenburg-Vorpommern" nach *Ulrichshusen,* östlich von Moltzow. *Grabowhöfe* südlich von Moltzow hat sich das einstige **Gutshaus** („Weißes Haus") zur „guten Stube" für die Gemeindebürger hergerichtet. Auf der Flur „Alte Ziegelei" finden sich gut sichtbare Spuren eines slawischen **Burgwalls** (10. Jh.). Bronzezeitliche **Hünengräber** sind im Ortsteil Sommerstorf konserviert. Stolz ist man hier auch auf die gotische **Backsteinkirche** (13. Jh.).

Am Eingang zum Naturpark „Nossentiner/Schwinzer Heide" führt in *Hohen Wangelin* ein markiertes Wanderwegenetz um Orthsee, Pastorenteich und in den Naturpark. Orthsee und Malkwitzer See sind dort beliebte **Badeseen**. Kreuzrippengewölbt wurde die hübsche **Backsteinkirche** (15. Jh.) errichtet. Bei Wasserwanderern beliebt ist die aus einer eiszeitlichen Schmelzwasserrinne entstandene **Seenplatte** südlich von *Klocksin.* Im Ortsteil Blücherhof umgibt ein **Dendrologischer Garten** das neubarocke Schloss. Im nahen Lütgendorf bilden ein frei stehender Glockenturm, eine alte Dorfschule und die Feldsteinkirche (13. Jh.) ein pittoreskes **Ensemble**. Nach Brand neu errichtet wurde das **Schloss** (1920) von *Vollrathsruhe*. Von der **Dorfkirche** (13. Jh.) im Ortsteil Kirch Grubenhagen hat man einen schönen Blick auf den Malchiner See. Eine Kastanienallee führt von hier nach Schloss Grubenhagen mit einer eindrucksvollen **Burgruine** im Schlosspark. Reste des Bergfrieds ragen noch bis in etwa zehn Meter Höhe. 1840 erbaute man

Klocksin: Schloss Blücherhof, mit Dendrologischem Garten

nahe dieser einstigen Burg (13./14. Jh.) ein heute privat genutztes neues **Schloss**. Ungewöhnlich lang (109 m) ist der **Katen** (um 1860) in Hallalit, der einst 16 Familien gleichzeitig ein Dach über dem Kopf bot. Im Naturschutzgebiet „Hellgund" bei Rehberg bietet ein **Damwildgehege** bedrohten Tieren Schutz.

NEUKALEN F 2

Stadt, **Kreis:** Demmin, **Bundesland:** Mecklenburg-Vorpommern, **Postleitzahl:** 17154, **Tel.-Vorwahl:** 039956

Die 1281 gegründet Stadt liegt malerisch im breiten Peenetal und unweit des Kummerower Sees, der vielfältige Möglichkeiten für den Wassersport bietet. Der buchenbestandene Neukalener Stadtwald erstreckt sich südlich der Stadt und geht in das Malchiner Holz nördlich von Malchin über.

Sehenswertes: Neukalen, dessen slawische Namenswurzel „Sumpf, Moor" bedeutet, wurde planmäßig um den **Marktplatz** mit dem Rathaus und der Johanneskirche ange-

Um den Kummerower See

*Mit einem blauen Balken im weißen Quadrat ist die knapp 48 km lange Radrundtour um den Kummerower See markiert. Wahlweise kann man auch von **Neukalen** aus starten. Überwiegend wird auf ausgebauten Radwegen gefahren, ansonsten auf befestigten Landwegen. Zwischen Leuschentin und Gorschendorf lässt sich die Tour auf einem Landweg abkürzen, dann fährt man allerdings an Malchin vorbei. Außerdem muss man in diesem Falle beim „Moorbauer" am Südende des Sees die nur saisonal betriebene Fähre über den Peenekanal benutzen.*

Infobroschüre: Radeln „Mecklenburgische Schweiz und Vorpommersche Flusslandschaft"
(erhältlich im Rathaus von Neukalen)

legt. Die **Stadtkirche** „St. Johannes“, erstmals 1318 erwähnt, ist ein vierjochiger Saalbau, deren quadratischer Westturm 1439 vollendet wurde. Besonders sehenswert ist der mehrgeschossige Altaraufbau (1610) mit reicher Figurenausstattung, einschließlich spätgotischer Plastiken aus früheren Altären. Hinzuweisen ist zudem auf die Kalksteintaufe aus dem 13. Jh. und eine Pietà aus dem 15. Jh. Das **Rathaus** ist ein 1799 entstandener Putzbau mit Mittelrisalit, der im Laufe der Jahrhunderte jedoch stark umgestaltet wurde.

Das ehemalige **Herrenhaus** in *Groß Markow* ist ein klassizistischer Putzbau mit Mittelrisalit, der 1829 erbaut wurde. Das Langhaus der **Dorfkirche** zu *Schorrentin,* zwischen Neukalen und Gnoien gelegen, stammt aus dem 14. Jh. Sie besitzt einen blendengeschmückten Ostgiebel sowie einen barocken Westturm.

REMPLIN E 3

Gemeinde, **Kreis:** Demmin, **Bundesland:** Mecklenburg-Vorpommern, **Postleitzahl:** 17139

Remplin liegt inmitten des Naturparks Mecklenburgische Schweiz und Kummerower See. Am Ort befindet sich die Informationsstelle der Naturparkverwaltung.

Geschichte: Die Geschichte von Remplin reicht bis in das Jahr 1283 zurück, als sie im Besitz des Bischofs von Kammin war. Im frühen 15. Jh. setzte sich das Grafengeschlecht derer von Hahn hier fest, das bis 1816 ausgedehnte Güter in der örtlichen Feldmark besaß. Besonderes Ansehen erlangte Friedrich Graf von Hahn (1742-1805), der zu den bekannten Astronomen des 18. Jh. zählte. Auf ihn geht die Errichtung der ersten Sternwarte Mecklenburgs zurück, die 1793 entstand und heute nur noch als Ruine vorhanden ist.

Sehenswertes: Das **Schloss** derer von Hahn wurde im 19. Jh. durch den Berliner Architekten Friedrich Hitzig im Stil der französischen Renaissance gestaltet. Nach einem Brand im Jahr 1940 ist von dieser imposanten Anlage nur noch der Nordflügel sowie der ursprünglich barocke und später von Lenné konzipierte **Schlosspark** erhalten. Zum Schlossareal gehört nicht nur die ruinöse **Sternwarte** mit dem zylindrischen Turm, sondern auch ein 37 Meter hoher Torturm (um 1800) der ehemaligen Gutsanlage. Aus der gleichen Zeit datiert die kleine in Fachwerk erbaute **Gutskapelle.** Aus wilhelminischer Zeit hingegen stammt die neugotische **Backsteinkirche** (1875-79).

SCHWINKENDORF E 4

Gemeinde, **Kreis:** Müritz, **Bundesland:** Mecklenburg-Vorpommern, **Postleitzahl:** 17139, **Tel.-Vorwahl:** 039953

Dort, wo die Mecklenburgische Schweiz ihren Anfang nimmt, liegt Schwinkendorf inmitten der reizvollen Endmoränenlandschaft des Naturparks Mecklenburgische Schweiz und Kummerower See.

Geschichte: Der Ort ist als deutsche Gründung in der slawischen Siedlungszeit – vermutlich vor etwa 800 Jahren – entstanden. Die erste urkundliche Erwähnung geht auf das Jahr 1271 zurück. Die Tradition der jährlich stattfindenden Reit- und Fahrturniere reicht bis in die 1950er-Jahre zurück und hat die Gemeinde überregional bekannt gemacht.

Sehenswertes: Bei der **Dorfkirche** von *Schwinkendorf* handelt es sich um eine aus dem 13. Jh. stammende, frühgotische Backsteinkirche, deren Chor ein Kreuzrippengewölbe und deren zweischiffiges Langhaus ein spätgotisches Sterngewölbe aufweisen. Sie ist somit eine der ältesten Kirchen der Region und wird wegen ihrer stattlichen Größe „Dom der Mecklenburgischen Schweiz" genannt.

Im nordöstlich gelegenen *Langwitz* beeindruckt das 5.000 Jahre alte **Großsteingrab** „Langwitzer Steinkiste". **Wasserburg** (1562) und **Konzertscheune** ziehen Gäste nach *Ulrichshusen,* südwestlich von Schwinkendorf. Eine **Kirchenruine** (Wüste Kirche Domherrenhagen) findet sich bei *Rambow,* eine **Wasserburg** (1425) mit Denkmalpflegehof in *Liepen.* Bei Wasserwanderern beliebt ist die aus einer eiszeitlichen Schmelzwasserrinne entstandene **Seenplatte** südlich von *Klocksin.* Im Ortsteil Blücherhof umgibt ein **Dendrologischer Garten** das neubarocke Schloss.

STAVENHAGEN Reuterstadt Stavenhagen — GH 3-4

Amtsfreie Stadt, **Kreis:** Demmin, **Bundesland:** Mecklenburg-Vorpommern, **Postleitzahl:** 17153, **Tel.-Vorwahl:** 039954

Stavenhagen ist Geburtsort des Erzählers und Dichters Fritz Reuter (1810-1874) und liegt am Ostrand der Mecklenburgischen Schweiz.

Geschichte: Stavenhagen entstand um 1250 unterhalb einer mittelalterlichen Burg des Ritters Reimbern von Stove. Erstmals wird der Ort 1282 in einer Urkunde der Herzöge Barnim I. von Pommern-Stettin und Wartislaw III. von Pommern-Demmin als Stadt erwähnt. Man geht aber davon aus, dass Stavenhagen zu dieser Zeit bereits Stadtrechte besaß. Der vertraglich geregelte Wechsel von Pommern nach Mecklenburg erfolgte 1317. Sowohl in den Wirren des Dreißigjährigen Kriegs als auch während der französischen Besetzung 1806-1812 wurden die Stadt und ihre Bewohner stark in Mitleidenschaft gezogen.

Sehenswertes: Das **Barockschloss,** ein elfachsiger Putzbau aus der Zeit um 1740, jetzt Bürger- und Verwaltungszenrtum, war Hauptschauplatz in Reuters „Ut de Franzosentid". Das **Fritz-Reuter-Literaturmuseum** ist im einstigen spätbarocken **Rathaus** (1785/88) untergebracht. Es widmet sich dem dichterischen Werk des einheimischen Schriftstellers, zeigt aber auch die Wohnkultur des 19. Jh. Das Rathaus ist ein zweigeschossiger Putzbau mit Pilastergliederung und auffallendem Mansarden-Krüppelwaldmdach. Die Mittelachse wird durch einen Portalrisalit hervorgehoben. An den Dichter erinnern in der Stadt zudem die **Reuter-Eiche**, die Fritz Reuter im Gedenken an seine Eltern 1859 pflanzte und das 1911 anlässlich des 37. Todestages des Dichters errichtete **Fritz-Reuter-Denkmal**, das den Dichter in einem Bauernstuhl zeigt. Das Denkmal ist ein Werk von Prof. Wandschneider. Bekannte Szenen aus den Reuterschen Werken wurden auf acht Relief-

„Ut mine Festungstid"

Aus seiner Festungszeit (1836-1842), die auf 30 Jahre anberaumt war, berichtet der in ***Stavenhagen*** *aufgewachsene Fritz Reuter (1810-1874) in seinem niederdeutschen Roman „Ut mine Festungstid". Fritz Reuter war Demokrat der ersten Stunde und geriet mit der Obrigkeit wiederholt in Konflikt. Als Student in Jena kam er mit dem Gedankengut der aufkeimenden Demokratiebewegung in Kontakt. Fortan zog er auf dem Papier gegen die sozialen Missstände in seiner Heimat Mecklenburg zu Felde. Auch ein Grund, warum er nie sein 1831 in Rostock begonnenes Jurastudium vollenden konnte. Seine Rostocker Alma Mater stand zu ihm und verlieh ihm 1863 die Ehrendoktorwürde. Fritz Reuter verbrachte in Eisenach seinen Lebensabend, wo er auch neben seiner Frau Luise begraben liegt.*

Fritz Reuter vor seinem Geburtshaus in Stavenhagen

platten in die Stuhllehne eingelassen. Die **Stadtkirche** (1782) ist ein interessanter, barocker Zentralbau. Nur die Kanzel (um 1600) stammt aus dem Vorgängerbau der Kirche, während die übrige Ausstattung dem 18. Jh. zuzurechnen ist.

Die **Dorfkirche** im südlich gelegenen *Jürgenstorf* ist ein Fachwerkbau (um 1700), der den Westturm einer Vorgängerkirche miteinbezieht. Sehenswert ist der Schnitzaltar (spätes 15. Jh.) mit der Kreuzigungsszene im Schrein. In der **Dorfkirche** (19. Jh.) im benachbarten *Pribbenow* verbirgt sich ein spätgotischer Flügelaltar aus dem späten 15. Jh. Im Schrein kann man eine Madonna im Strahlenkranz sehen.

Das Rätsel des Geheimgangs unter dem Ivenacker See

Wenn auch Fritz Reuter in „Meine Vaterstadt Stavenhagen" davon erzählt, dass zwischen ***Stavenhagen*** *und Ivenack ein unterirdischer Gang existiert hat, durch den die Rittersleute zu den Nonnen des Ivenacker Nonnenklosters gelangten, um mit ihnen zu tändeln, so erzählt die überlieferte Sage etwas anderes:*
Einst standen, so die Sage, in Ivenack und Stavenhagen zwei Burgen derer von Stove. Sie wurden von zwei Brüdern bewohnt, die sich oft stritten. Dieser Streit konnte nur durch das gütige Eingreifen der Schwester beigelegt werden, bis sie selbst Opfer eines heftigen, mit einem Schwertkampf ausgetragenen Streites wurde. Eines Tages nämlich gingen die beiden Brüder wutentbrannt aufeinander los und ließen sich auch nicht durch die zwischen sie tretende Schwester auseinanderbringen. Sie erschlugen ihre Schwester im überschäumenden Zorn. Nach dieser schrecklichen Bluttat kamen die Brüder jedoch zur Vernunft und schworen, sich nie

wieder auf Erden zu begegnen. Jahrelang sahen sie einander nicht. Doch schließlich wurden sie von ihrer Bruderliebe ergriffen und begannen einen unterirdischen Gang zwischen den beiden Burgen anzulegen. So konnten sich beide unter dem Ivenacker See treffen, um sich schließlich auszusöhnen. Als sie sich die Hände gaben, brach über ihnen der Gang zusammen und die eindringenden Wassermassen begruben sie. So erzählt die Sage, und tatsächlich findet man heute noch Reste dieses Ganges, der vermutlich während einer Belagerung ein gutes Versteck für die Burginsassen war.

TETEROW D 3

Amtsfreie Stadt, **Kreis:** Güstrow, **Bundesland:** Mecklenburg-Vorpommern, **Postleitzahl:** 17166, **Tel.-Vorwahl:** 03996

Geschichte: Teterow, eine Kleinstadt am Teterower See, genießt seit 1235 Stadtrechte. Wie Bodenfunde belegen, war sie schon vor mehr als 3.000 Jahren besiedelt. Im 6./7. Jh. wanderten slawische Stämme in die Teterower Gegend ein und errichteten auf der Burgwallinsel im Teterower See eine 3,6 ha große Burganlage. Der Burgwall auf der Insel verläuft von Ost nach West und teilt die Insel. Er diente dazu, die Vorburg auf der am leichtesten zugänglichen Seite zu schützen. Auf der Innenfläche der Hauptburg standen bis zu 25 Häuser. Bei Ausgrabungen wurden Herdstellen, Reste von Backöfen und kellerartige Gruben gefunden. Ähnlich wie in Groß Raden bei Sternberg entdeckte man neben Tierknochen auch Hauskeramik und Spinnwirtel. Beeindruckend sind auch die Funde von Brückenresten, denn einst verband eine 750 Meter lange Brücke die Insel mit dem Festland. Sie wurde mehrfach zerstört. Der jüngste Bau hat bis zur Mitte des 12. Jh. existiert. Heute setzt die Fähre oder eine Barkasse Besucher zur Insel über, wo ein Abenteuerspielplatz in Form einer nachgebildeten Slawenburg ein lohnenswertes Ausflugsziel ist. Der „Wendenkrug“ mit Bootsverleih liegt direkt auf der Insel.

Aus der Mitte des 14. Jh. stammt die Stadtbefestigung mit Toren. Man vermutet, dass es ursprünglich einmal vier Tore gab. Das Rostocker und Malchiner Tor existieren heute noch. Die Hexenprozesse von Teterow, die nach der Reformation 1585 stattfanden, gingen in die Geschichte ein. Durch mehrere Stadtbrände wurde der Ort im 17. und 18. Jh. stark verwüstet, behielt jedoch den Charakter eines Ackerbürgerstädtchens.

Sehenswertes: Das heutige **Rathaus** ersetzte 1909 einen Vorgängerbau von 1793, der 1908 abgerissen wurde. Auf dem

Wandern am Röthelberg südlich von Teterow

Szene aus dem „Hechtfest" in Teterow

Hechtbrunnen, der als Wahrzeichen der Stadt gilt, ist in Plattdeutsch folgender Sinnspruch zu lesen:

„Manche Leute sind klug
Und manche sind dumm
Und manche sind was hochnäsig
Laßt sie ihre Späße machen
Kinder laßt!
Die Glocke hat geläutet
Der Hecht ist gefaßt."

Der Brunnen ist ein Werk von Prof. Wandschneider. Wichtigstes Baudenkmal neben der teils noch vorhandenen Stadtbefestigung ist die ursprünglich als Hallenkirche errichtete **Peter-Pauls-Kirche**, die vermutlich 1215 erbaut und im 19. Jh. zu einer Basilika umgestaltet wurde. Zwischen 1225 und 1250 erfolgte der Bau der Sakristei und des Altarraumes. Besonders sehenswert ist der hochgotische Doppelflügelaltar mit einer Marienkrönung inmitten von Heiligen. Die beachtenswerte Deckenmalerei im Altarraum, die auch eine Darstellung der Verkündigungszene zeigt, stammt von 1350. Hinzuweisen ist zudem auf das gotische Triumphkreuz (1520) und den barocken Orgelprospekt (18. Jh.).

Das **Malchiner Tor** und das **Rostocker Tor**, zwei Stadttore der ehemaligen Stadtbefestigung aus der Mitte des 14. Jh., sind bis heute erhalten geblieben. Im Übrigen folgt die Ringstraße dem einstigen Verlauf der mittelalterlichen Stadtmauer. Ihre reich geschmückten Feldseiten erhielten beide Tore im 16. Jh. Das Malchiner Tor, in dem sich das Stadtmuseum befindet, wurde im 17. Jh. im Renaissancestil umgestaltet und bekam einen schmucken Giebelabschluss aus Viertelsteinen. Jährlich eine Woche vor Pfingsten lockt das **Hechtfest** zahlreiche Einheimische und Gäste an. Höhepunkt bilden die Aufführung der „Hechtsage", der historische Umzug mit Markttreiben, das Kinderfest und das nächtliche Abschlussfeuerwerk.

Vom „Blauen Band" zum „Kleber"

*Bekannter Sohn der Stadt **Teterow** ist der Schiffskapitän Karl Kaempff, der erste deutsche Inhaber des „Blauen Bandes" für die schnellste Atlantiküberquerung. Berühmt ist auch der hier geborene Apotheker Constantin Kirchhoff (1764-1833), der in St. Petersburg wirkte. Bekannt wurde er durch die während der Kontinentalsperre gemachte Entdeckung der Stärkeverzuckerung durch Kochen mit verdünnter Schwefelsäure (1811) und der Stärkeverflüssigung durch „Kleber" aus Gerste (1814). Diese Erfindungen hatten für die Ernährung in jener Zeit eine erhebliche Bedeutung.*

Auf den Spuren eiszeitlicher Gletscher und slawischer Siedler

Wasserwanderer legen mit Vorliebe am „Wendenkrug“ auf der Burgwallinsel im Teterower See bei ***Teterow*** *an. Als Grundmoränensee ist der Teterower See ziemlich flach, Teile seines Ufers (Schilf) stehen unter Naturschutz. Trotzdem lässt sich der See mit kleinen Booten gut befahren. Von Teterow aus kann man die Burgwallinsel auch mit der Fähre oder der Barkasse „Regulus“ erreichen. Außerdem dreht die Barkasse auch für Ausflugsgäste eine Runde auf dem 4 qkm großen See. Schon slawische Siedler wussten die Vorzüge der Burgwallinsel zu schätzen, indem sie sich dort eine Burg bauten.*

Radfahrer bevorzugen das flache Teterower Becken im Norden des Teterower Sees für ihre Runden oder messen ihre Kräfte auf der „Eiszeitroute Mecklenburgische Schweiz“, die ihren Verlauf auch über Teterow nimmt.

Der Teterower **Bergring** ist Europas schönste und berühmteste Rennstrecke für Sand- und Grasbahnfahrer. Sie ist 1877 m lang und liegt inmitten der Heidberge. Eingeweiht wurde sie 1930 und alljährlich am Pfingstsamstag und Pfingstsonntag findet das Internationale Bergringrennen statt. Gerade diese Motorrad-Rennbahn hat die kleine Stadt Teterow berühmter als viele mecklenburgische Nachbarstädte gemacht.

Westlich der Stadt findet man den östlichen Arm des Schlieffenberger Wallbergzuges, der sich von Groß Roge über Krassow nach Schlieffenberg erstreckt. Auf einem ausgeschilderten **Lehrpfad** gelangt man unter anderem zu einer sagenumwobenen Wunderbuche, deren zwei Stämme in etwa 3 Meter Höhe zusammengewachsen sind. In den verschiedenen Biotopen entlang des Weges kann man nicht nur Kraniche, sondern auch Wespenbussarde und Schlagschwirle beobachten. Ein weiteres interessantes Wandergebiet erstreckt sich nordwestlich der Stadt im **Appelhäger Forst**, dessen Waldfläche

Stadtkirche St. Peter und Paul in Teterow

Eine Kette ist so stark wie sein schwächstes Glied

*Einst ließen die Bürger von **Teterow** von einem Brunnenmeister den Tiefbrunnen der Stadt reinigen. Nachdem dieser bereits abgereist war, fiel jedoch ein Stein in den Brunnen. Um ihn herauszuholen, beschloss man eine menschliche Strickleiter zu bilden. Der erste Teterower hing also mit festem Griff am Brunnenrand, die nachfolgenden fassten jeweils die Füße des Vordermannes. Schließlich erreichte man mit dieser Menschenkette den Grund und konnten den Stein auch herausfischen. Unglücklicherweise jedoch kam der erste auf die Idee, ein wenig zu verschnaufen und sich in die Hände zu spucken, so dass alle nacheinander in das Wasser des Brunnens stürzten. Ob und wie sie wieder herauskamen, weiß bis heute keiner.*

unter Naturschutz steht. Von den 200 ha geschützen Waldes sind 12 ha ein Totalreservat, das nicht betreten werden darf. In dieser reliefreichen Stauchmoränenlandschaft gibt es verschiedene Wanderwege mit einer Länge von 3 km. Am Zugang zum Forst über die Appelhäger Chaussee kann man das dortige Informationszentrum besuchen, um sich über Flora und Fauna sowie über das Kesselmoor unweit der Wunderbuche kundig zu machen. Es empfiehlt sich ein längerer Spaziergang durch die Hügelkette der **Heidberge** (Aussichtsturm), einem Landschaftsschutzgebiet mit Höhen bis zu 100 Metern.

Im Umland von Teterow hebt sich die **Dorfkirche** (13. Jh.) Hohen Mistorf in *Alt Sührkow* heraus, auch die **Renaissancekirche** (1597 vollendet) in *Bristow* mit ihrem Tonnengewölbe. Unter Schutz steht dort das **Gutshofensemble** (Baubeginn 1855). Ein schilfgedecktes Pfarrhaus steht der **Dorfkirche** (13. Jh.) von *Bülow* zur Seite. Im Ortsteil Schorssow lädt der **Haussee,** um den ein dendrologischer Lehrpfad führt, zum Bade; an seinem Ufer ein Herrenhaus (19. Jh.) mit Fischerkate (18. Jh.). Gotischen Ursprungs ist die **Dorfkirche** von *Dahmen,* wo im Burgtal bei Rothenmoor der wendische **Burgwall** besondere Beachtung finden sollte. Wie in Rothenmoor weiß auch der **Gutspark** in Großen Luckow zu gefallen. Ein kleines Mühlenmuseum wertet die **Wassermühle** (1866) in Ziddorf auf. Kapelle, Insel und seltene Bäume bereichern den **Gutspark** in *Dalkendorf*. Die **Slawenburg** Zierstorf hat *Groß Roge* bekannt gemacht. Zwischen 1240 und 1260 entstand die **Feldsteinkirche** von *Groß Wokern*.

VARCHENTIN G 5

Gemeinde, **Kreis:** Müritz, **Bundesland:** Mecklenburg-Vorpommern, **Postleitzahl:** 17192

Unweit des Kleinen und Großen Varchentiner Sees und des seenreichen Müritz-Nationalparks liegt Varchentin, deren wichtigste Sehenswürdigkeiten die mittelalterliche Dorfkirche und das neugotische Schloss sind.

Sehenswertes: Die **Dorfkirche** wurde um 1270-80 aus Backsteinen erbaut. Aufgrund des Einsturzes von Mittelpfeilern wurde nach dem Dreißigjährigen Krieg im hinteren Teil eine glatte Holzdecke eingezogen. Den Holzturm fügte man zu Beginn des 19. Jh. hinzu. Der Altar datiert aus der Zeit um 1850, während die steinerne Kanzel mit hölzernem Deckel aus dem 17. Jh. stammt. 1847 wurde das **Schloss** nach Entwurf des Schweizer Baumeisters Mouson erbaut. Die Anlage ist ein geputzer Backsteinbau im Stil der englischen Gotik (Tudor-Stil). An den dreigeschossigen Mitteltrakt schließen sich zweigeschossige Seitenteile an. Zur Parkseite hin befinden sich Terrassen. Der Landschaftspark wurde vom Generaldirektor der Königlich-Preußischen Gärten, Peter Joseph Lenné, mitgestaltet.

Altaransicht, mit Taufbecken, in der Dorfkirche von Kittendorf

Im nordöstlich von Varchentin gelegenen *Kittendorf* steht eine spätromanische **Feldsteinkirche** mit massivem spätgotischem Turm. Sehenswert sind die Kanzel (1596), die Herrschaftsempore (17. Jh.) und der von 1603 stammende Altaraufsatz. Bei dem von einem Landschaftspark umgebenen **Schloss** handelt es sich um einen neugotischen Putzbau (1848-60). Die **Dorfkirche** in *Groß Varchow* ist ein gotischer Backsteinbau (14. Jh.), in dem mehrere spätgotische Schnitzfiguren aus dem späten 15. Jh. erhalten geblieben sind. Sehenswert ist der spätgotische Flügelaltar (um 1500), der sich in der **Feldsteinkirche** (spätes 13. Jh.) von *Bredenfelde* befindet.

VERCHEN H 2

Gemeinde, **Kreis:** Demmin, **Bundesland:** Mecklenburg-Vorpommern, **Postleitzahl:** 17111, **Tel.-Vorwahl:** 03994

Wer von Verchen ausgedehntere Radtouren in der Mecklenburgischen Schweiz unternehmen will, kann sich an der Aalbude (hier verlässt die Peene den Kummerower See) täglich von Mai bis Oktober mit einer Personenfähre übersetzen lassen.

Geschichte: Durch die Ansiedlung eines im 12. Jh. gegründeten Nonnenklosters der Benediktiner wurde Verchen, am Kummerower See gelegen, ein Ort von kulturgeschichtlichem Interesse.

Sehenswertes: Besonders zu beachten ist die einschiffige frühgotische **Klosterkirche** (1270) des ehemaligen Nonnenklosters. Ursprünglich war diese Kirche ein lang gestreckter Saalbau, der im 15. Jh. einen Choranbau mit Sterngewölbe erhielt. Der schöne gotische Altarschrein mit der Verkündigungsgruppe unter einem Maßwerkbaldachin wurde um 1420 gefertigt. In der Kirche befindet sich noch ein weiterer spätgotischer Schnitzaltar mit Heiligenfiguren aus dem 15. Jh.

Im südlichen Nachbarort *Meesiger*, unweit des Kummerower Sees, steht eine aus dem 17. Jh. stammende **Feldsteinkirche** mit spätgotischem Westturm.

WARNKENHAGEN B 2

Selbstständige Gemeinde, **Kreis:** Güstrow, **Bundesland:** Mecklenburg-Vorpommern, **Postleitzahl:** 17168

Sehenswertes: Bei der **Dorfkirche** handelt es sich um einen sapätgotischen Backsteinbau (15. Jh.) mit blendengeschmücktem Westturm. Hinzuweisen ist auf die schöne Kanzel (1788) und den Altaraufsatz von 1784.

In einer denkmalgeschützten mecklenburgischen Gutsanlage befindet sich in *Tellow* das **Thünen-Museum**, eine bedeutsame, historische Einrichtung der europäischen Sozial- und Wirtschaftsgeschichte. Das Museum widmet sich dem Lebenswerk des Nationalökonomen und Agrarpolitikers Johann Heinrich von Thünen (1763-1850). Zum Thünen-Museum gehören das Thünenhaus, das ehemalige Gutshaus, der Thünenstall, der ehemalige Pferdestall, in dem sich unter anderem eine Kunstgalerie und der Gasthof „Zum Thünenstall" befinden. Zur Gutsanlage zählen auch die Neubauernhäuser, die Ausstellungszwecken dienen, sowie die Thünenkate (Jugendbegegnungsstätte mit attraktiven Kreativangeboten und Übernachtung auf dem Heuboden), eine ehemalige Landarbeiterkate, die Thünenscheune (umfangreiches Veranstaltungsangebot über klassische Konzerte bis hin zu Märkten), nebst Kornspeicher und der Thünenpark mit seinen zahlreichen Wanderwegen.

Eine schlichte, spätgotische **Backsteinkirche** mit einem aus dem 18. Jh. stammenden Kanzelaltar findet man im östlich von Tellow liegenden *Levitzow*. *Thürkow* besitzt eine frühgotische **Backsteinkirche** aus dem 13. Jh. Der **Thürkower Bach** ist ein Flächendenkmal, an dessen Ufern das Bingelkraut, das gelbe Windröschen und der Lerchensporn gedeihen.

WATTMANNSHAGEN B 3

Selbstständige Gemeinde, **Kreis:** Güstrow, **Bundesland:** Mecklenburg-Vorpommern, **Postleitzahl:** 18279

Sehenswertes: In der ursprünglich spätromanischen **Kirche** in Wattmannshagen, die ein frühgotisches Backstein-Langhaus besitzt, sind die aus dem frühen 18. Jh. stammende Kanzel und der Altar zu beachten.

Rund um den **Schlieffenberger See** wurde 1958 ein kleines Landschaftsschutzgebiet eingerichtet. Den Hauptanteil dieses Gebietes macht der 0,4 qkm große und südlich von Schlieffenberg liegende See aus. Sinn und Zweck der Unterschutzstellung war es, einen parkartigen Gehölzbestand auf einer kuppigen Stauchendmoränenlandschaft zu sichern. Die Landschaft rund um Schlieffenberg weist zudem eine Reihe von Naturdenkmälern auf, vor allem einzelne Stieleichen von beträchtlichem Umfang, die dem aufmerksamen Wanderer ins Auge springen. Bei heißen Temperaturen ist auch der Sprung in das erfrischende Nass des Schlieffenberger Sees zu empfehlen.

Die **Kirche** von *Schlieffenberg,* schon weithin sichtbar, ist eigentlich keine Dorfkirche, sondern eine Stiftskirche der Familie von Schlieffen. Sie wurde nach Plänen von Carl Alexander von Heideloff 1854-57 errichtet. Die Gelder für den Kirchenbau stammten aus den bewirtschafteten Gütern derer von Schlieffen. Aus den Feldmarken Klaber, Rothspalk und Wendorf stammen die Granitfindlige, die als Sockelsteine der Fundamente, als Treppenstufen der Portale und für den Altartisch Verwendung fanden. Vor dem Gutshaus in *Roggow* steht ein **Gedenkstein** zu Ehren von Carl Pogge (1763-1831), der einer der führenden Köpfe der deutschen Landwirtschaft war.

WAS KANN MAN TUN ?

Altkalen

Windmühle
Mühlenhof 1, Tel. 039973/70388, Besichtigung: Pfingstmontag (Mühlentag) bis 2. So im September (Tag des offenen Denkmals)

Basedow

Aussichtsturm
„Basedower Höhe", an der Deutschen Alleenstraße

Bredenfelde

Reiten
Pferdehof Schwenn-Eggers, Dorfstr. 62, Tel. 039955/20141

Dargun

Angeln
Klostersee, Tel. 039959/21384 o. 22381

Baden
Freibad am Klostersee, Tel. 039959/2530

Brauereiführung
Darguner Brauerei, Tel. 039959/3010

Fahrt mit der Draisine
Naturparkdraisine Dargun – Salem (34 km hin u. zurück), Tel. 039959/27804

Kinderbauernhof
Eingang: Brudersdorfer Str./Am Kleingarten, Tel. 039971/14614, Mo-Fr 13-18 h

Kloster- und Schlossanlage
Führung: Mi 10 h, Treff: Gelbes Tor, Tel. 039959/22381

Reiten
Reiterhof Barlin, Tel. 039959/22000; Reiterhof Poggenpuhl, Tel. 039959/23727

Stadtführung
Dauer: 1 Stunde, Tel. 039959/22381

Strandbad
„Klostersee", Tel. 039959/2530

Demmin

Kino
Filmeck Tivoli, August-Bebel-Str. 6, Tel. 03998/258530

Naturerlebnisbad
„Biberburg", Richtgrabenweg, Tel. 03998/222093

Reiten
Pferdehof Tietböhl, Hopfenstr. 17, Tel. 03998/27020; Reiterhof Beerbaum, Wotenick, Dorfstr. 82, Tel. 03998/432532; Hotel „Pommernland", Meisengrund 13, Tel. 03998/28020

Skaten
Am Stadion

Gielow

Wasserburg
Liepen

Grabowhöfe

Reiten
Reiterhof „Alter Landsitz", Sommerstorf, Tel. 039926/840

Töpfern
Töpfergut Panschenhagen, Tel. 039926/3275

Jürgenstorf

Freibad
Zetteminer Straße, Tel. 039955/20219

Kuchelmiß

Golfen
Golfhotel Serrahn, Serrahn, Dobbiner Weg 24, Tel. 038456/650

Wassermühle
Mühlenweg 5, Führung n. V.: Tel. 038456/60666

Lelkendorf

Tierrassenpark
Dorfstr. 6, Tel. 039956/20388

Malchin

Aussichtssturm
Rathaus am Markt und Turm der Johanniskirche

Angeln
Angelcamp, Basedower Str. 35, Tel. 03994/632952

Freibad
(Schwimmhalle), Am Fuhrtsberg, Tel. 03994/222403

Kino
Union Filmtheater, Wargentiner Straße, Tel. 03994/632001

Wasserfreizeit
Koesters Eck & kanuhaus, Am Kanal 2, Tel. 03994/223665

Neukalen

Reiten
Reiterhof Warsow, Dorfstr. 21, Tel. 039956/20109

Remplin

Angeln
K. Schlender, Dorfstr. 16, Tel. 03994/633822

Reiten
„Taegerhof", Wendischhägener Str. 20, Tel. 03994/632803

Rühn

Baden
Freibad am Rühner See, Tel. 038461/2785

Salem (Kummerower See)

Wassersport
„salem basis", Am Hafen 1, Tel. 039833/20131

Schwinkendorf

Reiten
Reitzentrum B. Graiser, Dorfstr. 65, Tel. 039953/70204

Stavenhagen

Angeln
Angelreviere: Basepohler See, Rützenfelder See

Kutschfahrten
Zu den Ivenacker Eichen, Info: Tel. 039954/28350

Waldbad
Stadtholz 1, Tel. 039954/21806

Teterow

Aussichtsturm
Ehrenmal in den Heidbergen

Baden
Badeanstalt am Teterower See, auf der Burgwallinsel, Tel. 03996/1284-0

Golfen
Schloss Teschow, Teschow, Gutshofallee 1, Tel. 03996/140-0

Reiten
Reiterhof Silberberg, Gutshofallee 3, Tel. 03996/152353

Stadtrundgang
Jun-Aug Mi 10.30 h ab Hechtbrunnen, Tel. 03996/172374 o. 172028

BOOTSVERLEIH/AUSFLUGSCHIFFE

Demmin

Fahrgastschifffahrt (MS „Hansestadt Demmin", MS „Hamburg") auf Peene u. Kummerower See: Ingo Müller, Baumannstr. 1, Tel. 03998/282874, Fahrziele: Kummerower See, Aalbude Verchen, Gravelotte, Malchin, Jarmen, Stolpe, Anklam. - Wasserwanderrastplatz: Seglerheim, Tel. 03998/223551. - Bootsverleih: Sport- und Freizeitzentrum, Schillerstr. 13, Tel. 03998/362290

Malchin

Bootsverleih: Wasserwanderrastplatz, Hafen Koesters Eck, Tel. 0172/3290956

Neukalen

Fahrgastschifffahrt: Peter Schmidt, Am Hafen, Tel. 039956/20439. - Bootsverleih: Wallstr. 31, Tel. 039956/21022; Hausboote Kuhnle-Tours, Hafen

Salem

Bootsverleih (Kummerower See): „salem basis", Am Hafen 1, Tel. 039833/20131

Teterow

Bootsverleih: Auf der Burgwallinsel, Tel. 03996/1284-0. - Fahrgastschiff (Teterower See): Barkasse „Regulus", Tel. 03996/172104, Anleger: Badeanstalt

Verchen

Personenfähre Aalbude Verchen (1.5.-30.10.)

MUSEEN

Dargun

Uns lütt Museum
Schloss 13, Tel. 039959/20381, Apr-Okt Mi, Sa+So 13.30 – 16.30 h

Demmin

Kreisheimatmuseum
Am Hanseufer, Tel. 03998/222152, tägl. 10-17 h

Dobbin-Linstow

1. Harzer-Museum in Mecklenburg
Linstow, Tel. 038457/51963

Wolhynier Umsiedler-Museum
Linstow, Tel. 038457/51963

Kuchelmiß

Museum Wassermühle
Mühlenweg, Tel. 038456/60666, Apr-Okt Di-So 10-17 h

Malchin

Museum in der Mühle
Goethestr. 5, Tel. 03994/227235

Stavenhagen

Fritz-Reuter-Literaturmuseum
Markt 1, Tel. 039954/21072, Mo-Mi,Fr 9-17, Do 9-20, Sa/So/Fei 10-17 h

Teterow

Bergring- und Eisenbahnmuseum
Am Schulkamp, Tel. 03996/172827, Di-Fr 10-12, 13-17 h, So 14-17 h

Feuerwehrmuseum
Tel. 03996/187092

Stadtmuseum
Südliche Ringstr. 1, Tel. 03996/172827, Di-Fr 10-12,13-17 h, So 14-17 h

Verchen

Heimatstube
Tel. 039994/10313

Warnkenhagen

Thünen-Museum
Tellow, Tel. 039976/541-0, tägl. 9-16 h (Mai-Sept bis 17 h)

WO WIRD WAS GEFEIERT ?

Dargun

„Schützenfest“ (Juni); „Lichterfest“ am Kummerower See (Ende Juli/Anfang August); „Schwedentag“ in der Kloster- und Schlossanlage (Anfang August)

Demmin

„Peenefest“ am Hafen (Juni)

Kummerow

„Lichterfest“ rund um den Kummerowe-See (Ende Juli/Anfang August)

Lalendorf

„Sommerfest“ (Juni); „3 tolle Tage“ in Vietgest (Juni)

Malchin

„Bikertreffen“ (Mai); „Altstadtfest“ (Juni); „Hafenfest“ an Kösters Eck (August)

Meesiger

„Lichterfest“ rund um den Kummerowe-See (Ende Juli/Anfang August)

Neukalen

„Lichterfest“ rund um den Kummerowe-See (Ende Juli/Anfang August)

Salem

„Lichterfest“ rund um den Kummerowe-See (Ende Juli/Anfang August)

Sommersdorf

„Lichterfest“ rund um den Kummerowe-See (Ende Juli/Anfang August)

Teterow

„Heimatfest“ (1 Woche vor Pfingsten); „Bergring-Rennen“ (Pfingsten); „Hechtfest“ (Mai)

Verchen

„Lichterfest“ rund um den Kummerowe-See (Ende Juli/Anfang August)

Warnkenhagen

„Parkfest“ in Tellow (Juni)

CAMPING/HERBERGEN

Dahmen (Malchiner See)
Jugendherberge, Dorfstr. 14, Tel. 039933/70552

Demmin
Jugendherberge, Rudolf-Breitscheid-Straße

Malchin
Camping „Kösters Eck", Am Kanal 2, Tel. 03994/223665

Meesiger
Campingplatz Gravelotte, Dorfstraße, Tel. 039994/10732

Sommersdorf
Campingplatz Am Kummerower See, Tel. 039952/2973

Teterow
Jugendherberge, Am Seebahnhof 7, Tel. 03996/172668

Verchen
Jugendhotel am Kummerower See, Kirchstr. 1, Tel. 039994/7930

Warnkenhagen
Jugendgästehaus im Thünengut Tellow, Tel. 039976/5410

FAHRRADVERLEIH

Dargun
R. Hassemer, Schlossstr. 50a, Tel. 039959/20201; W. Jantschik, Demminer Str. 28, Tel. 039959/20871; Tankstelle Demminer Straße, Tel. 039959/22220

Demmin
O. Bohnet, Sackgasse 6, Tel. 03998/225127; G. Müller, Wollweberstr. 3, Tel. 03998/223443

Dobbin-Linstow
Linstow, Van der Valk Resort, Tel. 038457/7-0

Kuchelmiß
Golf-Hotel „Landhaus Serrahn" in Serrahn, Tel. 038456/650

Malchin
„Kösters Eck", Am Kanal 2, Tel. 03994/223665

Teterow
2-Rad-Center, Malchiner Str. 24, Tel. 03996/174781;
Zweiradshop, Rostocker Str. 44, Tel. 03996/172744

INFORMATION

Stadtinformation Dargun
Schloss 10
17159 Dargun
Tel. 039959/22381, Fax 21389
www.stadt-dargun.de
stadtinfo@stadt-dargun.de

Stadtinformation Demmin
Markt 1 (Rathaus)
17109 Demmin
Tel. 03998/225077, Fax 225077
www.demmin.de
info@demmin.de

Amt Jördenstorf
Neue Str. 1
17168 Jördenstorf
Tel. 039977/351-0, Fax 351-28
www.amt-jördenstorf.de
info@amt-jördenstorf.de

Gemeinde Kuchelmiß
Krakower Str. 17
18292 Kuchelmiß
Tel. 038456/60216

Amt Lalendorf
Hauptstr. 5
18279 Lalendorf
Tel. 038452/3100, Fax 20023
www.lalendorf.de
liegenschaften@amtlalendorf.de

Stadtinformation Malchin
Markt 1
17139 Malchin
Tel. 03994/6400, Fax 640333
stadtinfo@malchin.de

Amt Am Kummerower See
Postfach 1251
17132 Malchin
Tel. 03994/28020, Fax 280220

Amt Mecklenburgische Schweiz
Von-Pentz-Allee 7
17166 Teterow
Tel. 03996/12800, Fax 128025

Tourismusverband Mecklenburgische Schweiz
Postfach 1123 (Am Bahnhof)
17131 Malchin
Tel. 03994/299780, Fax 299788
www.mecklenburgische-schweiz.com
info@mecklenburgische-schweiz.com

Amt Moltzow
Schulstr. 22
17194 Moltzow
quiram@amt-moltzow.de

Touristinformation Stavenhagen
Schloss 1
17153 Stavenhagen
Tel. 039954/28350, Fax 28329
www.stavenhagen.de
stadt.stavenhagen@t-online.de

Tourist-Information Teterow
Mühlenstr. 1
17166 Teterow
Tel. 03996/172028, Fax 187795
www.teterow.de
tourist-info@teterow.de

Alle Angaben ohne Gewähr!

Anschlusskarten zur KOMPASS-Wanderkarte 852 Mecklenburgische Schweiz

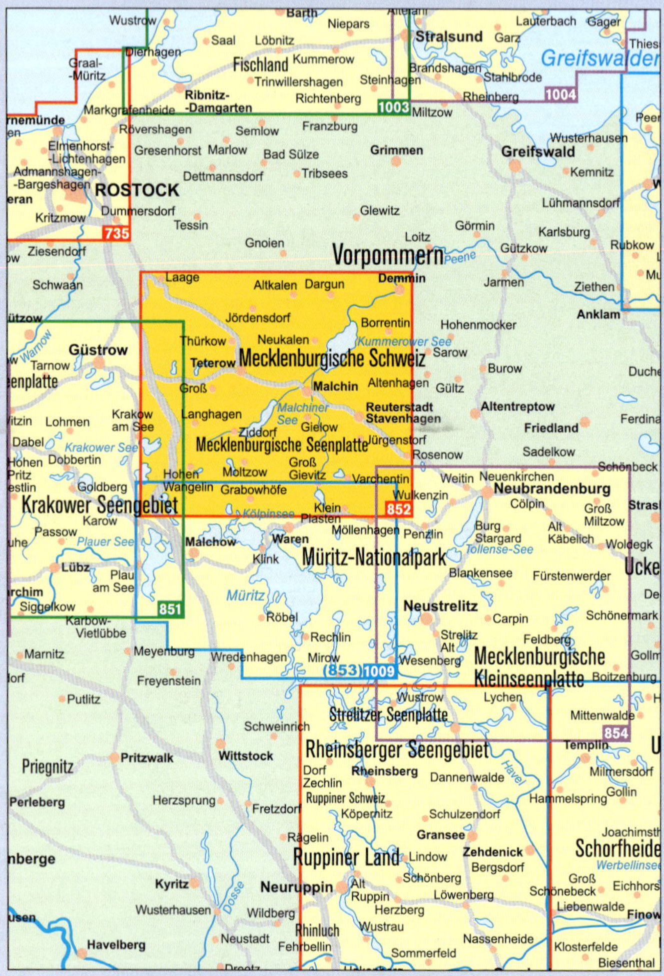

851 Güstrow - Krakower Seengebiet
854 Neustrelitzer Kleinseenplatte
1009(853) Müritz Nationalpark - Westlicher Teil